© 2021, Buzz Editora
© 2021, José Roberto Marques

Publisher ANDERSON CAVALCANTE
Editora TAMIRES VON ATZINGEN
Assistente editorial JOÃO LUCAS Z. KOSCE
Preparação FERNANDA MARÃO
Revisão LIGIA ALVES
Projeto gráfico ESTÚDIO GRIFO

Nesta edição, respeitou-se o novo Acordo Ortográfico da Língua Portuguesa.

Dados Internacionais de Catalogação na Publicação (CIP) de acordo com ISBD

M357m
   Marques, José Roberto
   Mindset milionário / José Roberto Marques
   São Paulo: Buzz Editora, 2021.
   208 pp.

ISBN 978-65-89623-15-1

1. Autoajuda. 2. Mente. 3. Riqueza. 4. Dinheiro. 5. Mindset.
I. Título.

2021-3492   CDD-158.1
                             CDU 159.947

Elaborado por Vagner Rodolfo da Silva CRB-8/9410

Índice para catálogo sistemático:
Autoajuda 158.1
Autoajuda 159.947

Todos os direitos reservados à:
Buzz Editora Ltda.
Av. Paulista, 726 – mezanino
CEP 01310-100 – São Paulo, SP
[55 11] 4171 2317 | 4171 2318
contato@buzzeditora.com.br
www.buzzeditora.com.br

JOSÉ ROBERTO
MARQUES

MINDSET
MILIONÁRIO

A abundância e a prosperidade são resultados naturais na vida de quem tem como propósito impactar o mundo, e não apenas viver nele.

Agradecer é parte do movimento da riqueza e da prosperidade, por isso é preciso ofertar e ser grato antes de iniciar esta obra.

A todas as pessoas que sonham o meu sonho, que se colocam como elos nesta corrente do bem, que querem ser parte do movimento de transformação deste mundo, meu muito obrigado. Gratidão por serem esteios da minha missão, que se alarga a cada dia e que se torna mais forte e mais sólida.

PRÓLOGO

11 Ser rico... por quê?

APRESENTAÇÃO

15 Mindset milionário: a riqueza começa na mente

1. A CONSCIÊNCIA DA CONSCIÊNCIA

20

25 Estados de consciência

27 Consciência do "Eu" e consciência da unidade

31 Níveis da consciência

35 Os graus da tomada de consciência

38 Consciência de si mesmo

2. CRIAÇÃO CONSCIENTE DA RIQUEZA

45

46 O buscador

50 As 4 realizações do ser consciente

54 Os 7 equilíbrios

56 Faces da evolução de si mesmo

63 As 7 Leis Espirituais

3. A VERDADE INTERIOR

71

73 Autossuficiência, dependência ou vulnerabilidade

74 Dois estados internos

78 O mundo exterior é o reflexo do mundo interior

80 Divindade interior

82 A descoberta do propósito

86 Como descobrimos o nosso propósito?

87 Como passa a ser a vida após descobrirmos o nosso propósito?

4. PROSPERIDADE E RIQUEZAS MÚLTIPLAS

91

92 Mente do ego e mente da alma

95 Ser próspero

96 Os 4 ciclos da prosperidade

105 Abundância: ganhar dinheiro ou gerar riqueza?

110 A Roda da Abundância

114 As 7 riquezas

5. UMA MENTE FOCADA NA RIQUEZA, SEM APEGO

133

136 Desapego como lei universal

138 A jornada do despertar da mente

142 Riqueza com significado

146 Como você se relaciona com a riqueza

149 Os 17 Arquivos de Riqueza para ter uma mente milionária

6. ALCANÇANDO OBJETIVOS FINANCEIROS E GERANDO RIQUEZA NO MUNDO

165

166 Menos vaidade, mais dinheiro

168 Crenças sobre dinheiro

174 Consciência financeira em 7 passos

182 Dicas práticas de orçamento pessoal

184 Planeje investimentos

186 Princípios da mente milionária

189 Geradores de riqueza no mundo

190 Atitudes para gerar riqueza no mundo

194 IBC Coaching

197 Mensagem final

202 Exercícios

207 Referências bibliográficas

PRÓLOGO
SER RICO... POR QUÊ?

As pessoas querem ser ricas pelos mais diversos motivos, mas esse desejo está muito ligado à comparação entre o que elas têm (ou o que lhes falta) e o que os outros demonstram ter, sobretudo nas redes sociais. O estado de comparação gera sofrimento: sempre haverá alguém com mais posses (ou mais experiências e oportunidades) que você. A comparação nos leva a falsas conclusões sobre a riqueza ou à completa ausência de significado.

Ser rico materialmente exige, também, gastos e preocupações, porque é necessário proteger a riqueza. Um carro blindado, uma casa com milhares de reais investidos em segurança, cursos de segurança pessoal. Então, por que ser rico, se os seus gastos e preocupações serão muito maiores que os que você tem hoje?

Por que você quer ser rico?

São muitas as crenças sobre pessoas que têm muito dinheiro. Algumas dessas crenças são absolutamente negativas, e geram rejeição à riqueza. Outras, ao contrário, chegam a ser ilusórias, como acreditar que, com muito dinheiro, pode-se ser plenamente feliz e livre de problemas e dissabores.

Ser rico materialmente envolve conseguir esse dinheiro (ou patrimônio), administrá-lo, aumentá-lo constantemente e, o principal: atribuir a ele um significado. Então, por que você quer ser rico?

"Dinheiro não discrimina ninguém", todos podem consegui-lo. Há muitas formas, mas, em geral, é preciso trabalhar duro e saber aproveitar as oportunidades. Ter dinheiro, acredite, não é algo inatingível. Porém, muito mais do que aprender a ganhar dinheiro, você precisa saber e estar absolutamente consciente de por que você quer ter mais dinheiro do que tem, ou do que consegue ter. Qual é o significado disso para você?

Isso está suficientemente claro? Por que você quer ser milionário? Por que o que você tem hoje não é o bastante para realizar seus sonhos e objetivos? Por que você precisa de mais? Será que é uma questão de ter mais ou de administrar melhor o que já tem?

Antes de entender o que é ter uma mente que atua no sentido de gerar riqueza no mundo, pergunte-se: "Por que eu acredito que preciso ser um milionário?". Ou ainda: "Por que eu desejo ser um milionário?".

Talvez a resposta imediata seja: "Quero ter mais riqueza para conquistar as coisas que desejo", como uma boa casa, um carro, a possibilidade de consumir e usufruir de mais conforto. Mas será que a aquisição de bens é um bom motivo para atrair riqueza? Será que o máximo de significado que posso dar ao dinheiro é esse? A possibilidade de comprar coisas?

Sempre digo em meus treinamentos e formações: "Ame as pessoas, faça a diferença no mundo, leve as pessoas para o próximo nível... mas, sem dinheiro, você morre de fome, o seu negócio fecha e você não consegue nada disso". É aparentemente um paradoxo. Entretanto, na verdade, todos somos duais, por isso acredito que dar significados profundos para a riqueza é uma condição para ser merecedor dela.

Não quero, de jeito nenhum, dizer a você qual é o motivo "certo" para desejar ser rico, pois ele não existe. Pode ser que seu maior motivo seja realmente ostentar uma generosa conta bancária. E, se isso é o suficiente para você, se isso faz sentido para você, está tudo bem.

Para mim, contudo, ser rico significa, primeiro, observar todas as áreas da nossa vida que precisam ser mais abundantes, para além do campo material, e ter a possibilidade de impactar a vida do maior número de pessoas.

É claro que nem todos os ricos estão preocupados com o impacto de sua riqueza no mundo. Talvez boa parte se preocupe apenas com os próprios negócios e em estar sempre no ranking dos mais ricos. Mas eu acredito que você não quer ser essa pessoa. Será que é nesse modelo de riqueza que você se inspira?

Por que você quer ser rico? (Escreva.)

_____

_____

_____

_____

Agora, avaliando sua resposta, você acredita que, em função dela, o mundo construirá uma conexão tão forte de modo que você atraia a riqueza?

Quando você morrer, qual terá sido o impacto do seu dinheiro no mundo? Ele terá contribuído apenas para você mesmo?

Caso você ainda não tenha respostas para essas perguntas, ou se apenas agora, lendo estas primeiras páginas, começou a questionar os seus motivos, está tudo bem! Você tem até o final deste livro para pensar e buscar em si mesmo as respostas.

SER RICO SIGNIFICA
SER CAPAZ DE
IMPACTAR A VIDA DO
MAIOR NÚMERO DE
PESSOAS POSSÍVEL.

APRESENTAÇÃO
MINDSET MILIONÁRIO: A RIQUEZA COMEÇA NA MENTE

Escrevi o rascunho deste livro durante um retiro espiritual que fiz na Índia. Foram dias de muito estudo, choro, riso, mergulho em mim mesmo e de páginas e mais páginas de texto (quase todos escritos a mão). Repeti esse mesmo retiro um ano depois e reafirmei minhas convicções: todas as riquezas, entre elas a riqueza material, fazem parte do nosso sistema-mundo, ou seja, elas já existem no mundo e o mundo é abundante em todas elas. Quanto mais temos consciência de nossa presença e ação dentro desse sistema, mais usufruímos dos bens que ele produz: saúde, relacionamentos, tempo, emoções e tudo que tem valor.

Esse processo de autodescoberta e expansão da consciência rumo ao acesso às riquezas do mundo começa com perguntas simples como:

- Para você, o que é ser um milionário?

De forma igualmente simples, você poderia responder que ser milionário é ter um milhão de reais (ou de dólares, ou de euros) na conta bancária ou em patrimônio.

Muito bem. Essas são duas formas muito simples – e também simplistas – de lidar com o fator enriquecimento, que envolve conceitos como dinheiro, riqueza, prosperidade, felicidade, bem-estar e carreira. Entretanto, se você conhece a minha história, já deve saber que não costumo tratar nada de forma tão simples. Busco a didática, mas jamais o simplismo.

Nesta apresentação, quero colocar alguns pressupostos que serão de suma importância durante toda a leitura desta obra. Na verdade, este livro busca esmiuçá-los, dando o "caminho das pedras", ou, pelo menos, fazer você refletir sobre a riqueza a partir de um prisma que talvez seja novo para você e que talvez passe a fazer muito sentido em suas buscas pessoais.

Ser milionário pode ser definido por alguns dígitos, mas ser rico e próspero não é uma equação matemática. A riqueza e o dinheiro são energias do mundo que se aproximam e se afastam de você à medida que expande sua consciência, evolui pessoal e espiritualmente e se relaciona com as demais energias deste planeta. Isso não é mero argumento de autoajuda; é a compreensão de que, conforme o nosso entendimento de riqueza se amplia, ele deixa de considerar apenas um valor monetário.

Acredito verdadeiramente que há um estado interno que produz riqueza, que atrai dinheiro o suficiente e gera abundância e prosperidade. Há, por outro lado, um estado interno que produz comparação, infelicidade e escassez. Encontrando o estado interno que produz riqueza, o dinheiro será uma consequência natural, pois os planos encontrarão um contexto propício para terem resultados positivos – sem diminuir a necessidade de foco e trabalho.

Digo isso porque a resposta para a pergunta com a qual abri esta apresentação (Para você, o que é ser um milionário?) é absolutamente pessoal. Não acredito que seja milionário apenas quem tem um milhão de reais na conta, porque você pode ter esse dinheiro sem que ele faça a menor diferença em seu significado de vida, mesmo permitindo que você compre os bens que deseja.

Ser milionário, para mim, é alcançar um resultado financeiro que faça sentido para você, e que se conecte com seus objetivos pessoais e de vida. Um resultado financeiro suficiente para você investir em sua carreira, em sua empresa, realizar sonhos e contribuir para o mundo.

Não se trata de riqueza individual, que é avareza, e avareza é estado de separação, individualização, sofrimento e desconexão. Toda riqueza deve ser abundante: enriquecer gerando riqueza no mundo.

Para gerar riqueza no mundo, você precisa da sua mente, e é por isso que chamo este livro de "mindset", um padrão mental de sucesso.

Riqueza é o contrário de escassez, e tanto a riqueza quanto a escassez estão, primeiro, dentro de nós. Você descobrirá como isso é verdadeiro lendo o livro, mas, de início, quero apenas dizer que quem está vazio por dentro vê vazio em tudo. Quem sente muitas faltas por dentro (de amor, significado, energia pessoal) sente falta em tudo – uma pessoa que só enxerga o que falta, nunca o que tem, está conectada com a escassez, e não com a riqueza.

Mudar padrões mentais é a verdadeira atividade que vale um milhão de reais.

Sim, há formas de modificar padrões mentais, e tudo começa por conhecê-los. É uma busca por significado, por uma verdade interior. Nada é mais poderoso.

Nossa verdade interior se refere a nossos pontos fortes e nossas habilidades, aos sentimentos mais profundos, a quem somos quando ninguém está olhando. Nossa verdade interior é a aceitação de quem somos de fato, sobretudo admitindo nossas sombras e reconhecendo nossas paixões, habilidades e merecimento.

As pessoas enriquecem buscando paixões e sentido de vida, não moedas.

O caminho para quem busca riqueza com significado e prosperidade é focar seus talentos e habilidades, desenvolvendo-os, e, por meio deles, alcançar um próximo nível evolutivo.

Quem usa o dinheiro sem senso de significado evidencia e potencializa tudo o que tem de mais negativo, como a vaidade e a avareza. É esse tipo de enriquecimento que gera um mundo desigual, desumano, violento e em constantes crises sociais.

Talvez você esteja começando a entender a relação entre a mente, nosso "Eu", e o fator "milionário".

Ser milionário tem um significado que só você poderá decifrar. O que fará você se sentir esse "milionário"? Qual marco de sua vida representará esse "ser milionário"?

É você que determina o que é ser milionário para você. Entenda qual será a evidência do alcance desse objetivo e projete as sensações que terá quando alcançá-lo. Como você vai se sentir?

Pode ser que você se sinta realizado se tiver um valor X na sua conta ou se adquirir um bem Y, mas pode ser que tais objetivos não gerem em você felicidade e bem-estar – talvez gerem insegurança e medo. Talvez a meta de "ser milionário" não seja sua, mas das pessoas à sua volta que cobram de você um sucesso que só faz sentido para elas.

O que é ser milionário para você? O que sua verdade interior diz?

Quando sua consciência e seu interior estiverem vibrando em consonância com todos os seres que habitam este mundo, quando seu estado interior for um estado de beleza, de graça e de amor, você criará riqueza com facilidade, porque não precisará brigar por ela. E essa riqueza não será vazia, virá carregada de significado.

Você não precisa estar sempre estressado e com pressa... Não precisa negligenciar sua família nem adoecer. Você pode atrair a riqueza – e por você mesmo –, se seu interior encontrar harmonia, leveza, tranquilidade, propósito e, principalmente, conexão com o sistema-mundo. É assim que você se torna um criador consciente das riquezas.

Se você ainda acredita que o estresse, a competição e a falta de tempo são indicadores de que está indo muito bem no propósito de ter riqueza material, está completamente enganado.

O segredo que quero contar neste livro é este: só se pode criar riqueza e abundância a partir de um estado interno de consciência altamente expandida e em conexão com todas as energias de prosperidade que vibram no mundo.

O segredo da riqueza é aliar uma mudança interior profunda e revolucionária de pensamento e construção de significados com o melhor das suas habilidades e dons para conquistar e gerir seus bens. É também conhecer a potência do dar e do receber. Da gratidão à prosperidade.

Eu sei que esta leitura será transformadora para você.

JOSÉ ROBERTO MARQUES

AS PESSOAS
ENRIQUECEM
BUSCANDO PAIXÕES
E SENTIDO DE VIDA,
NÃO MOEDAS.

1

A CONSCIÊNCIA DA CONSCIÊNCIA

A consciência humana é objeto de pesquisas e também é explorada pela espiritualidade. Não podemos negar o fascínio que gira ao redor da consciência e, ao mesmo tempo, a dificuldade de conhecer em profundidade e com clareza o seu papel na construção do nosso ser.

O que é, afinal de contas, a consciência humana? Diversos pensadores e filósofos já se dedicaram a esse assunto ao longo dos séculos. Atualmente, vários pesquisadores contemporâneos merecem destaque, como o linguista Ray Jackendoff, da Tufts University, e o filósofo Ned Block, da Universidade de Nova York. Mas, dentre todos, o destaque principal é Steven Pinker, autor do livro *Como a mente funciona*. Todos eles concordam com uma proposição bastante interessante: a consciência é o conhecimento que você tem de si mesmo em estado de conexão com o mundo. Veja:

1. Conhecimento de si mesmo.
2. Conhecimento de sua conexão com o mundo.

Nossa mente funciona como um banco de dados, armazenando tudo o que vemos e percebemos. Ao mesmo tempo que faz essa compilação do todo ao nosso redor, ela elabora uma ficha sobre nós mesmos, catalogando nossas experiências desde os primeiros anos de vida até o momento atual.

Dessa forma, a consciência é tanto a nossa percepção do mundo quando estamos despertos como tudo aquilo que podemos acessar no que está arquivado em nossa mente sobre nós mesmos, nossa memória, conhecimentos, vivências etc.

Claro que existe aquilo a que não temos acesso quando estamos em estado de alerta (falaremos mais adiante sobre os estados da consciência). Essa parte que fica escondida se relaciona a tudo o que o sistema nervoso decidiu que não irá para a consciência. Podemos chamar essa parte da nossa mente de inconsciente. Só teremos acesso a esse conteúdo inconsciente em estado de sonolência, por meio de sonhos e hipnose, por exemplo, mas é o inconsciente que auxilia na construção de nossos comportamentos, gostos e emoções.

Além dessa definição de consciência que pode ser considerada mais racional, existem também significados mais emocionais.

Reflita um pouco sobre as surpresas e os sustos que levamos durante a vida e como reagimos a eles. O que vem primeiro: a emoção do susto e da surpresa ou a percepção racional da situação? Quando levamos um susto, só depois de certo tempo conseguimos racionalizar o que aconteceu. O mesmo ocorre com qualquer outra emoção. Nossos sentimentos são capazes de nos afetar independentemente da consciência que temos deles.

António Damásio, um neurologista português da University of Southern California, nos conta que a emoção compõe a maior parte da nossa mente e que ela vem antes do pensamento. A consciência seria apenas uma pequena parte de toda a nossa mente, e essa pequena parte, conhecida como "Eu", é o que coordena nossas emoções.

Damásio é considerado o "mago do cérebro" devido a sua teoria sobre as emoções e os sentimentos. Ele considera que todos os seres vivos possuem consciência, somente o nível de sofisticação é que varia de espécie para espécie. O que nos torna diferentes das outras espécies é que incorporamos capacidades mais complexas, como memória, imaginação, criatividade e raciocínio lógico.

Consciência é uma autopercepção que pode ser ampliada ao infinito.

Damásio postula ainda que existe uma diferença entre as emoções e os sentimentos. As emoções são um conjunto de várias respostas químicas e neurais projetadas na mente, as quais formam determinado padrão. Esses padrões que se formam são os sentimentos. Assim, as emoções são anteriores aos sentimentos que surgem a partir delas.

Por exemplo, quando uma pessoa acredita que está sendo traída, ela primeiro sente raiva, uma emoção básica, e só mais tarde raciocina que essa raiva é um indicativo de ciúme, um sentimento mais elaborado que exige racionalizar a emoção.

As emoções estão mais relacionadas às reações corporais, são químicas. Os sentimentos são mais complexos e, muitas vezes, envolvem mais que uma emoção. Emoções como o medo foram essenciais para a preservação da espécie humana.

Exigimos que esse "Eu" racional seja capaz de administrar todo o conjunto de emoções e sentimentos que nos invade. Nem sempre ele dá conta da tarefa, e nos vemos tomados pelo estresse, raiva, ódio, frustração e ciúmes.

António Damásio, a respeito dos seres vivos, acredita que existem diferentes graus de consciência, diretamente ligados ao grau de vivência de cada ser e de suas experiências. A quantidade de experiência pela qual passa cada ser é proporcional à quantidade de consciência que ele possui. Para Damásio, "se a consciência não se desenvolvesse no decorrer da evolução e não se expandisse em sua versão humana, a humanidade que hoje conhecemos, com todas as suas fragilidades e forças, nunca teria se desenvolvido também" (Damásio, 2011, p. 17).

Mas isso não significa que todo mundo concorda inteiramente com essas ideias. Há pessoas que defendem concepções diferentes acerca da consciência, como é o caso de Daniel Dennett. Ele considera que todas as coisas materiais possuem consciência, como nos explica Juliana Fagundes, estudiosa de Dennett. Ao contrário dos pesquisadores apresentados anteriormente, ele acredita que a diferença é que os seres humanos possuem consciência de sua consciência. E o motivo é muito simples: ela é fruto das interações entre os cem trilhões de células que existem no cérebro humano.

Quem se lembra da discussão que surgiu na internet sobre um vestido que alguns enxergavam sendo azul e preto e outros, dourado e branco? Essa teoria poderia explicar por que você viu azul e preto, e seu melhor amigo, dourado e branco, mesmo que você tentasse convencê-lo do contrário. As diferentes interações entre os neurônios podem ser a base para a nossa individualidade de percepção.

A que conclusão podemos chegar ao revisitar teorias sobre a consciência? A consciência é a experiência de estar ciente de algo, seja lá o que for, desde o mundo ao redor até pensamentos e sentimentos. Ela é uma interação complexa entre todas as células cerebrais, que processam tudo o que percebemos da realidade e tudo aquilo que compilamos sobre nós mesmos.

Dessa forma, a soma de todas as representações que você faz dos outros e de seu ambiente é realizada pelas diversas e incontáveis conexões entre seus neurônios – as trilhas neurais. Podemos denominar isso consciência, e ela pode se expandir a cada dia, desde que se mantenha a mente aberta para novos conhecimentos, realidades e percepções.

Expansão de consciência é estar cada dia mais "acordado" para si e para o mundo. Algumas tradições budistas chamam essa experiência de iluminação, uma consciência plena de tudo.

Convido você a refletir sobre a sua consciência. Será que ela é igual à de sua mãe, à de seu irmão ou à de seu melhor amigo? Será que todos nós percebemos o mundo da mesma forma? Será que a percepção que temos de nós mesmos é a mesma que o outro tem de nós?

Tais perguntas promovem uma onda de reflexões sobre quem somos e o que podemos ser, sobre como levamos a vida até o presente momento e como pretendemos alcançar nossos objetivos.

Cada um de nós tem uma visão de mundo, uma construção de significados. Consequentemente, somos a extensão dessa nossa compreensão. Ter consciência é entender o que nos cerca, e, por conseguinte, compreender melhor, inclusive, a nossa situação financeira – e o que chamamos de falta de sorte, injustiça da vida e outros impropérios. É por meio da consciência que conseguimos refletir e pensar sobre o que nos aconteceu no passado e, ainda, projetar quadros futuros.

Nossa consciência é o trunfo que possuímos para sair do estado atual em direção a um estado desejado – um estado de riqueza e prosperidade, para além do material.

Nossa consciência é o que temos de mais precioso quando precisamos superar algo que nos fez mal no passado. Sua ajuda é necessária para que possamos ressignificar eventos que ainda causam dor.

Nossa consciência é o que nos faz sentir vivos e prósperos. A expansão da consciência é a base para um mindset milionário.

ESTADOS DE CONSCIÊNCIA

Apesar de todos os seres humanos terem consciência, pois é o que nos caracteriza, há diferentes níveis de consciência que podemos atingir quanto mais nos aprofundamos no processo de autoconhecimento. Esse mergulho dentro de nós mesmos é essencial para conseguirmos atingir uma transformação pessoal.

O poder da consciência reside no aprimoramento e no aprofundamento de si mesmo. Sabe quando estamos fazendo um pão, e é necessário acrescentar fermento? Quando o colocamos, deixamos que ele aja para que o pão cresça. O tempo correto de fermentação é o que faz o pão crescer. Igualmente, o que "fermenta" nossa mente e a faz expandir é a consciência. O autoconhecimento precisa de tempo para agir na consciência, estimulando-a cada vez mais, como um fermento.

O potencial da consciência está nela mesma, assim como o potencial do pão está nele mesmo. O fermento ou o autoconhecimento apenas despertam o que já existe. Assim, conforme afirma o autor indiano Deepak Chopra, podemos perceber as situações e os obstáculos ao nosso redor por meio de três estados de consciência:
- Estado de consciência contraída.
- Estado de consciência expandida.
- Estado de consciência pura.

Quando nos encontramos no **estado de consciência contraída**, qualquer tipo de desafio transforma-se em um problema difícil de ser resolvido, pois temos dificuldade para elaborar nossa existência no mundo, os lugares que ocupamos e nossos papéis – não compreendemos muito bem quem somos.

Contudo, ao despertarmos nossa consciência, entramos no **estado de consciência expandida**, por meio do qual conseguimos perceber como o mundo está conectado a nós e à nossa rede de relacionamentos, como afetamos e somos afetados por tudo. Diante desse estado, conseguimos encontrar solução para todos os problemas que acreditávamos ser intransponíveis.

Por fim, podemos alcançar o **estado de consciência pura**, quando não há soluções, porque não há problemas. Desse ponto de vista, cada obstáculo ou desafio é uma forma de exercermos nossa criatividade. Nele, as situações da vida jamais são encaradas como crises ou como danos: todas são encaradas como inerentes à natureza do homem e do mundo, e assim não se criam negatividades.

É importante pensar que cada estado de consciência proposto por Chopra determina a forma como criamos expectativas e construímos nossas crenças, o que podemos também chamar de nossa realidade. Assim, a mudança de consciência acarreta mudanças em nossa realidade.

Você pensa sobre sua realidade? Muitas vezes, estamos preocupados em desempenhar da melhor maneira possível nossos papéis sociais como marido ou esposa, filho ou filha, mãe ou pai, profissional, e deixamos de questionar e de identificar nossa própria identidade. Você é quem realmente é ou é o que fizeram de você?

As opiniões e aprovações dos outros são importantes para nossas vivências, pois fomos ensinados a atender às expectativas alheias. Por isso, mesmo diante de nossas conquistas é possível que ainda nos sintamos vazios, aprisionados e sem autoconfiança.

Do autoquestionamento emerge a compreensão de si mesmo e da realidade, além da percepção de que existe apenas um tempo: o presente. É um nível de consciência baseado na presença.

A percepção da realidade nos faz perceber que existe algo além dos papéis que desempenhamos na sociedade, das regras que precisamos seguir e das expectativas criadas sobre nós. Um desejo de liberdade passa a tomar conta da gente e é por meio dele que vamos em busca da nossa verdade e do nosso verdadeiro propósito.

Eu sempre começo minhas formações falando sobre autoconhecimento e autoconsciência. Esse foi o ponto de virada da minha vida e do meu sucesso empreendedor; por conseguinte, do meu sucesso financeiro. Antes de trabalhar minha (auto)consciência, eu apenas existia neste mundo. Hoje, sinto que faço parte dele. Eu o vejo, e ele me vê.

A verdadeira integração com o aqui e o agora propicia uma nova perspectiva de mundo e uma nova dimensão da existência, então conseguimos nos conectar profundamente com a nossa dualidade e com tudo o que está ao nosso redor, inclusive com a riqueza e as formas de construí-la.

CONSCIÊNCIA DO "EU" E CONSCIÊNCIA DA UNIDADE

A consciência é a capacidade do nosso "Eu" de estar ciente do seu próprio ser e do mundo ao redor. Ela tem duas perspectivas: pessoal ("Eu") e universal (Unidade). Essas perspectivas não são excludentes nem pertencentes a dimensões distintas.

A consciência e o ser são realidades que existem mesmo sem um corpo físico. Elas são associadas ao mundo, ao universo, ao coletivo. Podemos entender que o ser é o todo, é o um indivisível. Ele se manifesta no universo por meio de suas particularidades e individualidades. Isso o torna único em sua essência, mesmo integrado ao universo.

A consciência universal se materializa e se personifica por meio da individualidade de cada ser. Ou seja, cada um de nós é o todo manifesto. Não somos parte, mas o todo. É por isso que dizemos tanto que todas as possibilidades do mundo estão em nós.

O desenvolvimento da consciência de si e do mundo possibilita que o ser individualizado seja o espelho do ser universal. Não é maravilhoso?

A MUDANÇA DE CONSCIÊNCIA ACARRETA MUDANÇAS EM NOSSA REALIDADE.

Mesmo individualizados, podemos e devemos manter conexão com esse sistema maior do qual fazemos parte. Isso, que podemos chamar de consciência do "Eu", é apenas um estágio para atingir uma consciência da unidade, também chamada de consciência universal, ou "Eu Maior".

O ser humano é inteiramente movido por esses dois estados de consciência: a consciência do "Eu" e a consciência da unidade. Por trás de toda vida humana, de qualquer ação ou escolha de todos nós – sejam guerras, tratados de paz, acordos políticos ou invasões, casamentos ou rompimentos – está uma dessas consciências e, consequentemente, um estado interno (ou focado em si ou focado no todo).

É a consciência da unidade que está vinculada a toda a energia de prosperidade e riqueza. É essa consciência expandida que gera os movimentos energéticos mais profundos de consciência.

Para não parecer uma conversa vazia, pense por exemplo que muitos herdeiros, os quais ficam ricos por meio de um patrimônio conquistado por seus pais, avós e bisavós, quando não encontram o caminho do trabalho e do significado da riqueza, acabam desfazendo esse patrimônio e perdendo seus bens.

Por outro lado, uma pessoa que luta para construir um patrimônio tem mais condições de ver a riqueza com outros olhos, com olhos de conquista e valor próprios. Muitas dessas pessoas enriquecem ajudando outros a também enriquecerem, porque produzem riqueza no mundo, não apenas para si.

Isso quer dizer que tais indivíduos estão ligados à consciência da unidade, que eles olham para todo o sistema e não apenas para si mesmos.

A forma como educamos nossas crianças e toda a cultura que nos influencia privilegiam uma consciência do Eu. Eles incentivam um tipo de competição danosa, para que vençamos a qualquer preço e nos mostremos como "melhores", o que prejudica o crescimento e a conquista de uma vida plena.

Quando estamos submersos apenas na consciência do "Eu", estamos voltados para nosso próprio umbigo. Movendo-se assim, as pessoas tendem a culpar algo externo por seus fracassos.

Porém, quando vencem, consideram que o poder de conquistar determinado objetivo é apenas delas.

Pense e responda para si mesmo: quantas vezes você já sentiu inveja ou culpa? Quantas vezes você já se viu fazendo algo de que se arrependeu?

A consciência do "Eu" é o estado em que criamos problemas em vez de resolvê-los, é a vida em estado de sofrimento, escassez, frustração, sensação de solidão e estresse. Sentimo-nos perdidos e desconectados dos outros.

Existem três caminhos que todos nós tomamos para nos libertarmos do estado de consciência do "Eu", estado de estresse ou de sofrimento, e chegar à consciência da unidade:

1. Desconectar-se do estado de sofrimento.
2. Aumentar os momentos de bem-estar, compartilhando-os com outras pessoas.
3. Substituir crenças limitantes por pensamentos e histórias positivos e fortalecedores.

Nenhum desses caminhos isolados tem, por si só, o poder de tirar você da espiral da escassez. Eles são uma trilha que conduz à prosperidade e à riqueza por meio da mudança de padrão de pensamento, que você compreenderá melhor por meio da leitura deste livro.

Desconectar-se do estado de sofrimento é compreender que nós criamos o sofrimento quando focamos as memórias de dor, de frustração e de negatividade. Sim, você pode escolher focar os aprendizados e a positividade. Manter-se em sofrimento é uma escolha inconsciente. Tomando consciência disso, temos o poder de mudar essa realidade. Não ser rico como deseja lhe causa sofrimento? Por quê?

Aumentar os momentos de bem-estar significa, justamente, buscar produzir memórias de felicidade e de positividade. Memórias de momentos que sejam úteis para fomentar os seus potenciais e dons, compartilhando-os com outras pessoas.

Substituir crenças limitantes por crenças fortalecedoras é um processo de reconhecimento de todas as crenças que produzem

produzem paralisia e baixa resiliência, como acreditar que "ser rico é para poucos", ou que "dinheiro traz discórdia".

A consciência da unidade é o estado de conexão com a alegria, o amor, a compaixão, a vitalidade e a paixão, e o coloca no caminho das três ações mencionadas anteriormente.

NÍVEIS DA CONSCIÊNCIA

Como vimos, minhas experiências de reflexão sobre riqueza sempre me orientaram para o caminho da expansão da consciência. Até porque ele nos faz aproveitar melhor os nossos conhecimentos, como os de administração e de gestão financeira.

Eu me considero um gestor melhor, um CEO melhor, um investidor e empreendedor melhor porque trabalho sempre o meu desenvolvimento holístico – mental, emocional, espiritual e físico, com foco na consciência maior de mim e do todo.

Lendo muito sobre as teorias heptais (nome que dou para as mais de cem teorias divididas em 7 níveis), encontrei várias percepções sobre o desenvolvimento da consciência e quero mostrar uma que modelei a partir de vários outros conhecimentos já existentes. Uma dessas bases é o conceito de consciência do sufismo, uma vertente mística do islamismo que carrega uma visão magnífica do mundo, do homem, de Deus e da nossa realidade. Você pode conhecer um pouco mais do sufismo em um importante artigo de Sylvia Leite para a extinta revista *EntreLivros*.

Na minha experiência, essa compreensão e, consequentemente, o despertar da consciência acontecem quando percorremos os 7 níveis que a compõem. Quando falamos em níveis, estamos falando de uma consciência que caminha desde um estado mais primário e fechado até um estado mais expandido.

7º nível – Consciência universal ("Eu perfeito")

6º nível – Consciência de escolha ("Eu satisfeito no nível maior")

5º nível – Consciência expandida ("Eu realizador")

4º nível – Consciência de novas perspectivas ("Eu tranquilo")

3º nível – Consciência criativa ("Eu inspirado")

2º nível – Consciência acusadora ("Eu acusador")

1º nível – Consciência limitada ("Eu degenerador")

1º nível – Consciência limitada ("Eu degenerador"): o primeiro nível é o do "Eu degenerador" e consiste em um estado de identificação com a superficialidade das coisas. A consciência limitada corresponde à porção da realidade valorizada pelo ego, que determina valores, desejos e visão de mundo.

Nesse 1º nível, nosso autoconhecimento é limitado e limita também a capacidade de compreender o mundo. Estamos ligados a códigos sociais, consumismo irracional, vaidade, avareza e competição desleal.

2º nível – Consciência acusadora ("Eu acusador"): o segundo nível corresponde ao "Eu acusador". Quando começamos a ter acesso aos primeiros conhecimentos e exercícios de desenvolvimento humano, desenvolvemos uma autocrítica acusatória.

Chamamos esse nível de acusador porque podemos nos voltar para nós mesmos com a capacidade de perceber, de forma clara e, muitas vezes, dolorosa, nossos limites, falta de conhecimento, comportamentos sabotadores e mecanicidade. Quando nos percebemos falhos e olhamos nossas sombras pela primeira vez, surgem a reprovação e a acusação.

O ser humano, nesse 2º nível, tem maior tendência à introspecção, voltando-se a si mesmo para poder se analisar e perceber verdadeiramente suas atitudes, sentimentos e reações.

3º nível – Consciência criativa ("Eu inspirado"): no terceiro nível, passamos a perceber o início de uma nova sensação de ser, que nos permite contrapor a superficialidade e seus valores limitados. Essa reflexão causa o desejo de trilhar uma jornada de autoconhecimento e autodesenvolvimento, caracterizada por plenitude, liberdade e contentamento, como se um mundo novo surgisse.

Começamos a vivenciar um desapego parcial em relação aos aspectos superficiais e materialistas, o que nos leva à diminuição do sofrimento e da ansiedade. Conseguimos ser mais criativos no dia a dia, desenvolvemos uma atitude menos mecânica e condicionada, tanto ao percebermos as coisas quanto ao nos relacionarmos com elas.

Harmonia e perspectivas mais universais nascem no 3º nível, pois é nele que conseguimos nos desprender das amarras dos hábitos e condicionamentos impostos pelo ego.

4º nível – Consciência de novas perspectivas ("Eu tranquilo"): a entrada no quarto nível é um sinal claro de avanço e de expansão. Reconhecemos que estamos nesse estado de consciência quando diminuímos o nosso julgamento e aumentamos a nossa curiosidade. Nos colocamos abertos e interessados em tudo o que antes rejeitávamos.

Os valores que outrora nos guiavam deixam de ser a nossa única referência. Adquirimos novas lentes para ver o mundo. A tranquilidade é a característica principal do 4º nível, e significa menos ansiedade e estresse, além de mais autoconfiança.

5º nível – Consciência expandida ("Eu realizador"): a pergunta "Como reconheço que estou expandindo minha consciência?" fica fácil de ser respondida quando você passa a realizar, a fazer as coisas acontecerem. Consciência também é ação.

O "Eu realizador" é o nível em que verdadeiramente nos colocamos no mundo. Definimos nossas práticas e nossos papéis sociais. Os processos mentais adquirem mais clareza quanto à nossa função e também à nossa missão de vida.

A vida se torna um palco para realizações. O "Eu realizador" sabe o que quer e vai atrás de maneiras de vencer. É, sem dúvida, um nível desafiador, devido à quantidade de obstáculos que precisamos superar, mas é também um dos níveis mais libertadores.

É aqui que ocorrem algumas das mais belas histórias de superação e transformação de vida. A existência parece ganhar um novo sentido, com novas cores e um novo brilho.

6º nível – Consciência de escolha ("Eu satisfeito no nível maior"): é o nível do "Eu satisfeito", contudo se trata de uma satisfação profunda, não superficial, isto é, uma satisfação como compreensão do mundo, e não como atendimento aos desejos mais simplistas.

Todos nós, o tempo todo, fazemos escolhas. Mas com que consciência nós as fazemos? Escolhemos a partir de quais critérios? O que sentimos depois de uma escolha? As respostas a essas questões fazem nascer uma nova forma de compreensão, que, por sua vez, traz um novo sentimento de satisfação, já que passamos a compreender a realidade e a nós mesmos a partir de novos parâmetros e estamos libertos das visões limitadas que caracterizavam nosso modo de ser.

7º nível – Consciência universal ("Eu perfeito"): sim, a perfeição não existe, mas existe um momento em que nossa compreensão se torna uma iluminação, tamanho o nosso despertar – como um buda, "o desperto". Minha leitura sobre perfeição, no sentido em que tratamos, é uma congruência absoluta entre o que você acredita, o que você prega/fala e o que você faz.

Quando estamos em um nível muito superior de consciência, passamos a lutar pelos sistemas e não apenas por nós mesmos. Vemos as necessidades dos outros como se fossem nossas, tratamos o condomínio, a cidade, o planeta, como nossa casa e queremos sempre aprender com o intuito de ensinar. A realização de qualquer trabalho será feita sem que se espere nenhum tipo de pagamento ou retribuição, pois é feito visando a um bem maior, universal, e não a uma satisfação meramente pessoal.

No sétimo nível, não há mais separação entre as dimensões pessoais e universais da consciência. O ser se torna um reflexo do ser universal, e a consciência se reconhece como indivisível e única e identifica o ser como um veículo perfeito de expressão e desenvolvimento.

Após a explicação sobre esses 7 níveis da consciência, convido você a olhar para si mesmo, para o mais profundo do seu ser, e a se perguntar: "em qual nível de consciência estou? Eu me sinto aberto para trilhar o caminho do autoconhecimento e da jornada da consciência?".

OS GRAUS DA TOMADA DE CONSCIÊNCIA

A consciência expandida é a base para o mindset milionário, é a forma como vivenciamos nós mesmos.

A maior parte de nossa vida é limitada por conta do nosso passado. Ele acumula dentro de nós experiências dolorosas que tivemos na infância e em nossa criação, os fracassos que enfrentamos, alguns sonhos que não conseguimos realizar, entre traumas e memórias negativas. Tudo isso funciona como uma névoa que impede que o sol brilhe e nos aqueça, ou seja, impede que vivamos nossa existência de forma plena – inclusive a busca por riquezas.

Somos um e, ao mesmo tempo, universal. Quando expandimos a consciência, a nossa noção de self torna-se ilimitada e nos vemos como parte de tudo, sem divisão ou fronteiras, usufruindo de todas as riquezas.

Essa é a proposta da jornada do despertar da consciência.

Conforme vamos expandindo nossa consciência, passamos de uma concepção simplista e restrita da realidade para uma concepção ampla e multissistêmica. Essa expansão é gradativa, claro. Nada se expande repentinamente.

Tudo que você fez até aqui, todos os cursos, leituras, orações... Tudo isso o conduziu a uma expansão que acontece como uma borracha que lentamente cede a um peso. Nossa mente vai se tornando mais "pesada" com o acúmulo de percepções, até atingir um nível em que tudo está conectado.

Os graus de expansão da consciência estão ligados a uma passagem de compreensão local para uma compreensão global – ou cósmica, se isso fizer sentido para você.

A consciência local fica bastante nítida quando alguém julga as culturas diferentes da sua como estranhas, erradas, primitivas, como se apenas o seu modo de vida pudesse refletir o conceito do que é correto e bom. Esse tipo de comportamento, que só encontra valor no seu quintal, é uma consciência localizada, incapaz de encontrar os significados construídos em modos de vida diferentes dos seus.

Surgem, dessa expansão mínima da consciência, ideias de superioridade, de intolerância e de julgamento do próximo (analisando e falando dos outros), o que resulta em conflitos étnicos e políticos. Nesse ponto, a vida é apenas matéria e corpo, limitado e finito, e tudo é feito com muito esforço e luta, sem que haja gratidão em cada gota de suor. Vemos uns aos outros de forma distanciada, e o mundo exterior é o lugar em que vamos satisfazer nossos desejos e onde nos enchemos de uma felicidade que pode até parecer genuína, porém é momentânea.

A consciência se concentra em manter o lugar no qual acordamos todas as manhãs e para o qual voltamos todas as noites, em continuar no emprego que paga as nossas contas e põe comida na mesa. A ansiedade é um sentimento constante, o medo do futuro nos leva a acumular bens e dinheiro para garantir estabilidade em caso de algum imprevisto.

Da concepção familiar para a planetária, saímos daquela visão de mundo limitada e passamos a uma visão mais abrangente, à ideia de uma família global. Passamos de uma visão particular, segundo a qual nos importamos apenas com a nossa vida e, no máximo, com a vida das pessoas com as quais nos relacionamos diretamente, a uma visão planetária.

Nesse estágio, começamos a ver como o universo é abundante, como é repleto de água, alimento, minerais... Repleto de riquezas, mas, sobretudo, de vida. Todas as riquezas que buscamos já existem no mundo. Já disse o poeta inglês John Donne:

Nenhum homem é uma ilha isolada. Cada homem é uma partícula do continente, uma parte da terra; se um torrão é arrastado para o mar, a Europa fica diminuída, como se fosse um promontório, como se fosse a casa dos teus amigos ou a tua própria; a morte de qualquer homem diminui-me, porque sou parte do gênero humano.

A CONSCIÊNCIA É O CONHECIMENTO QUE VOCÊ TEM DE SI MESMO EM ESTADO DE CONEXÃO COM O MUNDO.

Essa concepção nos leva a compreender que as diferenças entre os homens nada mais são do que as diferentes formas de o universo se expressar. Elas nos direcionam a um pensamento subjetivo, a uma reflexão mais profunda sobre tudo o que nos cerca.

Eu sou cristão e acredito que Deus nos criou, nos ama e nos rege. Sinto que minha consciência consegue se expandir e encontrar Deus em diversos momentos do meu dia: quando medito, quando oro, quando me conecto com as pessoas, quando estou conduzindo treinamentos. A consciência expandida nos coloca em uma relação com o invisível, o espiritual, mas é absolutamente real. É uma conexão com tudo que existe, mesmo o que não se vê.

CONSCIÊNCIA DE SI MESMO

Se você ainda não entendeu o que esses ensinamentos têm a ver com riqueza, comece a perceber que ter um mindset milionário envolve, no senso comum, saber ganhar e administrar o seu dinheiro de modo que ele se acumule e se torne uma fortuna. Ganhar, administrar e investir são ações, e saiba que toda ação nasce de um pensamento, de uma forma de pensar, ou seja, um padrão (mindset). Por isso, continuemos com nossa viagem pela consciência.

A tomada de consciência envolve um mergulho no autoconhecimento. É como se uma pessoa colocasse luz em seu interior e, assim, pudesse se descobrir por inteiro. Por meio da identificação e do encontro com a nossa essência, conseguimos passar da consciência do Eu para a consciência da unidade.

É possível tomar consciência de si mesmo, a qual é uma consciência maior, perseguindo estes 5 passos:

1. Reconhecer seus pontos fortes e de melhoria.
2. Fortalecer sua autoconfiança.
3. Melhorar os relacionamentos.
4. Sentir menos culpa e aprender mais.
5. Viver de acordo com o seu propósito.

AS DIFERENÇAS
ENTRE OS HOMENS
NADA MAIS SÃO DO
QUE AS DIFERENTES
FORMAS DE O
UNIVERSO SE
EXPRESSAR.

1. Reconhecer seus pontos fortes e de melhoria

Todos nós possuímos qualidades que nos destacam e pontos que podem ser melhorados, aprimorados. A autoconsciência é poderosa porque permite que sejam identificados e utilizados de modo a contemplar as características de destaque e em ações que auxiliem no desenvolvimento das demais.

Sem reconhecer seus pontos fortes, você não conhece sua principal fonte de riqueza pessoal e de busca por riquezas como a material. Sem reconhecer seus pontos de melhoria, você não evolui nem como pessoa, nem como profissional, e evolui menos ainda como realizador.

Como se tornar rico sem conhecer os recursos de que você dispõe para isso?

Eu lhe digo quais são os meus recursos: minha voz, minha capacidade de liderar pessoas, minha capacidade de conduzir grandes plateias, minha capacidade de produzir e reproduzir conhecimento e, sobretudo, minha vontade de ajudar o mundo – é assim que eu ganho o meu dinheiro, fazendo a diferença e usando o que eu tenho de melhor.

2. Fortalecer sua autoconfiança

Você confia em alguém que não conhece bem? Provavelmente não, porque é necessário primeiro conhecer a pessoa para só depois se sentir seguro para depositar sua confiança nela. No relacionamento de uma pessoa consigo mesma acontece da mesma forma, pois você só se sentirá confiante em relação à sua própria capacidade depois de se conhecer e descobrir que é capaz.

Não é apenas uma questão de dizer "eu consigo"; é mais do que isso. É reconhecer em si mesmo os recursos mentais e emocionais e as habilidades que possui e que precisa desenvolver a fim de atingir um objetivo.

3. Melhorar os relacionamentos

Ter consciência de si mesmo é, também, ter consciência de como você se relaciona com as outras pessoas. Muitas vezes achamos que os problemas de relacionamento que temos são sempre culpa das outras pessoas. Nossos pais são ruins, nossos amigos não são fiéis, nossos companheiros de trabalho não são suficientemente capazes... só nós somos maravilhosos.

Melhorar nossos relacionamentos não é apontar as falhas do outro, mas ser capaz de encontrar no outro suas potencialidades apesar de suas falhas. Parte do nosso olhar, da nossa evolução pessoal.

4. Sentir menos culpa e aprender mais

Ter autoconsciência é reconhecer o direito de errar. A culpa é uma dor difícil de carregar, e, em geral, ela surge de uma cobrança pessoal muito grande, maior do que o realmente justo e real. Toda vez que sentimos que erramos precisamos nos perguntar: "Como devo agir da próxima vez?". Assim nosso foco se volta para o aprendizado, não para o possível fracasso.

5. Viver de acordo com o seu propósito

Conhecer-se é mais do que apenas reconhecer quais são nossos papéis sociais: envolve também identificar qual é o nosso propósito, ou seja, o que nos move e faz com que nos sintamos motivados para ir além. Descobrir qual é o legado que desejamos construir é fantástico e funciona como um estímulo para viver com mais paixão e alegria.

Tomar consciência de si mesmo é despertar em si três poderes valiosos que são sucessivos:

1. Poder da conexão sistêmica.
2. Poder da consciência.
3. Poder da criação da consciência da riqueza.

O primeiro poder ao qual temos acesso é o poder da conexão sistêmica. Ele tanto está externo a nós, no mundo, quanto dentro de nós. Quando despertamos esse poder, conseguimos materializar nossas aspirações, pois encontramos o elo que nos conecta com a vida que existe por si mesma. Sentimos como se o universo nos ajudasse a conquistar e a viver a abundância.

Às vezes pode parecer que estamos desconectados de tudo ao nosso redor, que o indivíduo e o mundo são independentes em sua natureza, mas a humanidade e o mundo são indissociáveis. Convido você a fazer uma reflexão: alguma coisa no universo existe de forma independente?

Nossa existência é um eterno entender-se dependente.

O segundo poder é o poder da consciência, e nós o conquistamos quando atingimos o estado de beleza interior. A consciência, tema do qual tenho tratado de forma central até aqui, é a passagem para alcançar a prosperidade e as riquezas. É o poder das grandes mentes que transformaram o mundo.

O terceiro poder é o da criação consciente de riqueza, que tem como objetivo estabelecer a abundância em nossa vida. Dedicarei um capítulo apenas para falar sobre a criação consciente da riqueza, mas cabe agora destacar o poder que temos de atrair riqueza material e espiritual. É nisso que se baseia o que quero tratar neste livro.

Quando tomamos para nós esse terceiro poder, o da criação consciente, percebemos que somos unos com a inteligência universal. É uma relação que estabelecemos com o divino para o restante da vida, sem a solidão que uma concepção dissociada do universo traz.

Podemos entender essa última etapa com um retorno à infância, pois o processo nos leva de volta a uma vivência alegre, feliz e aberta a tudo que o mundo está disposto a nos oferecer. Quando vemos a inteligência universal se misturando à nossa ideia de ser individual, conseguimos vivenciar o belo estado da consciência da unidade.

2

CRIAÇÃO CONSCIENTE DA RIQUEZA

O mundo material e o mundo energético, espiritual ou transcendental não apenas têm uma ligação, conforme alguns dizem, como, na verdade, são apenas um único universo, uma única moeda, com seus dois (ou vários) lados. É a nossa capacidade de ver, de sentir e, sobretudo, de acessar todas as faces deste mundo que constrói a nossa expansão de consciência e viabiliza a nossa prosperidade.

Quanto mais conseguimos nos conectar a esses mundos, mais participamos desses sistemas de forma integral. E, por conseguinte, mais alcançamos um estado fluido de mentalidade, o estado em que nos diluímos na trama universal e nos tornamos menos Eu e mais Nós.

Sabendo disso, conseguimos responder de forma completamente nova a perguntas como:

- Por que acredito que a vida é tão difícil?
- Por que acredito ser tão difícil ganhar dinheiro?
- Por que meus relacionamentos amorosos nunca dão certo?
- Por que eu nunca estou satisfeito com nada que tenho?

A riqueza material tem a mesma fonte da riqueza espiritual. Elas são uma só. Encontrar o lugar de onde essa energia emana é o segredo para não apenas sermos, mas para termos uma percepção de que somos realmente ricos. Ser rico é uma percepção, e a riqueza é medida pela sensação de riqueza, pois não há um número que seja o limite entre a pobreza e a riqueza.

Quem é rico? De quanto é o saldo da conta bancária que quantifica a riqueza material?

Não existem respostas para essas perguntas! Ou, se existem, elas serão diferentes para cada pessoa. Mas há um caminho para a sua riqueza, a riqueza que atenderá exclusivamente aos seus anseios, e esse caminho é gerado de dentro para fora, da sua consciência para a matéria.

Quando mudamos nosso estado interior de um estado de negatividade, culpa, raiva, julgamento, sofrimento irracional, comparação e pequenez para um estado de positividade, entendimento, lucidez, força e generosidade, começamos a, conscientemente, produzir riqueza material e espiritual.

Neste capítulo, trataremos de alguns caminhos que podem ajudar a construir conscientemente um caminho de riqueza. Tais caminhos exigem, principalmente, autoconhecimento – consciência das suas limitações, das suas dificuldades, dos seus fracassos e das suas tristezas. É modificando esses estados que entramos completamente em estado de graça interior.

O BUSCADOR

O filósofo e guru indiano Osho já fez uma reflexão sobre a busca espiritual, e, com ajuda desse pensador, vamos tentar explicar o que significa ser um buscador. Descobri que sou um buscador; que, na verdade, sempre fui um buscador. A consciência disso foi determinante na forma como vejo e me relaciono com a riqueza.

Costuma-se empreender a busca pela espiritualidade quando a vida, tal como é conhecida exteriormente, não está completa, ou porque ela, como é conhecida de fora, tem ausência de sentido, de propósito e de significado.

A partir do momento em que algo dentro de nós desperta para o fato de que a vida material e carnal tem um sentido menor, começa uma busca por significado. Podemos dizer que essa é a parte negativa da busca espiritual, pois ela começa quando entendemos que não há sentido na própria existência, que todo o processo nos leva à morte, ao fim.

Quando estou buscando uma verdade espiritual, é porque já entendi que essa verdade existe. Ou seja, o buscador já despertou e já acessou outra verdade.

Esse reconhecimento pode gerar imensas angústia e ansiedade, e pode ser que sigamos por caminhos muito diversos, sem destino certo. Assim, a busca espiritual nasce em uma dor, na dúvida, no vazio das perguntas sem resposta. Diante desse quadro, entendemos que existe um espaço infinito entre nosso Eu e tudo o que a vida realmente é. O desamparo se torna presente, aquilo que nos sustentava na existência já não existe mais.

A busca espiritual tem início na constatação de que há algo que transcende a vida como a conhecemos. Muitos de nós fazem da vida uma busca incessante pela satisfação dos próprios desejos. Deixamos de lado a procura pelo que realmente somos para empreender a procura pelo que é desejado.

Aparentemente, está tudo bem ir em direção à satisfação dos desejos, mas, quando eles são vazios de significado, a vida continua sendo frustrante, porque ela é como é, e não como gostaríamos que fosse. Muitas vezes a vida parece dançar uma música diferente da nossa, estar em outra sintonia. Enquanto estamos sonhando, tudo parece perfeito e possível, criamos uma ficção para a vida, para não encarar a realidade.

O buscador espiritual, quando começa a percorrer o caminho da verdade interna, entende que essa aparente desconexão pode ser reajustada, e passa a dançar belamente com a vida. Isso significa compreender que nossos desejos nem sempre devem ser a prioridade da nossa existência.

Uma vez que nos tornamos conscientes disso, passamos a desejar apenas uma coisa: o verdadeiro conhecimento sobre quem realmente somos. Nesse instante, não mais projetamos um Eu que será feliz quando os desejos se tornarem realidade, mas sim quando se conhecer profundamente. Isso é se encontrar com a vida do jeito que ela é de verdade.

QUANDO ESTOU
BUSCANDO UMA
VERDADE ESPIRITUAL,
É PORQUE JÁ ENTENDI
QUE ESSA
VERDADE EXISTE.

Um buscador está incessantemente no caminho da expansão da consciência, desenvolvendo sua visão espiritual. (Por visão espiritual, não me refiro a algo meramente místico e religioso. Costumo usar o termo *espiritual* sempre que preciso falar sobre a alma humana, mas você pode usar outro termo, caso não faça sentido para você.) Então a busca espiritual (ou apenas de expansão da consciência) quebra um padrão clássico de visão de mundo. Estamos acostumados demais a ver tudo que é óbvio e concreto:

- Nós nos acostumamos a ver o dinheiro, mas não a ver prosperidade.
- Estamos acostumados a ver belas casas e mansões, porém temos dificuldade de enxergar o lar e o conforto.
- Vemos grandes empresas e organizações, entretanto não temos olhos para o propósito que transcende o lucro.

O buscador vê mais que o óbvio, porque o espiritual é o campo do que é sutil e, muitas vezes, invisível aos olhos da matéria.

Quando nos sentimos prontos para conhecer a nossa verdadeira essência, afastamos o ego, o qual insiste em desejar, em projetar a vida para um momento ilusório, e a realidade se faz presente em todos os cantos, em todos os lados, no único momento e no único espaço possíveis: aqui e agora.

Ocorre o renascimento para o presente, e chegamos ao êxtase, à satisfação, a tudo que sempre foi o objetivo, mas que nunca fora realmente alcançado. O buscador para de procurar no exterior a realização de seus desejos e passa a olhar para dentro de si. Quando isso acontece, entendemos a realidade, e a felicidade nasce do que ela é em sua essência.

Agora, reflita se você sente que sua vida não tem sentido. Será que não está na hora de buscar a cura para os desejos não realizados? Será que não está na hora de entender que os desejos só trazem desilusões e que a realidade não é o que projetamos?

Todo buscador espiritual trilha o caminho da riqueza próspera.

AS 4 REALIZAÇÕES DO SER CONSCIENTE

A expansão da consciência é muito complexa, pois sempre partimos do interno para o externo. E, como você deve suspeitar, o autoconhecimento é, dentre todas as jornadas que empreendemos na vida, a mais difícil e árdua, porém é também a mais recompensadora e gratificante.

Assim como o autoconhecimento é uma permissão, já que devemos nos permitir percorrer esse caminho, a trajetória rumo à expansão da consciência também requer uma permissão.

É necessário que nos permitamos conhecer a origem de nossos medos, quais são os sentimentos que nos travam e quais são os sentimentos que nos impulsionam. Passamos a conhecer também as nossas sombras com tanta clareza quanto conhecemos nossa luz.

Por meio do caminho do Ser Consciente, passamos a compartilhar os sentimentos negativos e positivos dos outros, mas ultrapassando qualquer tipo de ressentimento, mágoa ou julgamento. Apenas dessa forma é possível criar laços duradouros com as pessoas, a natureza e a manifestação divina.

Acha que é possível enriquecer sozinho, sem a contribuição de alguém? Você está errado!

O aprendizado que quero compartilhar agora foi uma das profundas descobertas que fiz na Índia, um país de regiões muito pobres economicamente, mas extremamente ricas em cultura, em relacionamentos, e, sobretudo, por sua busca espiritual.

Essa é a criação consciente de riqueza: não apenas usufruir dela, mas também gerar múltiplas outras. A busca pela riqueza passa a ser um processo alegre, deixando de ser estressante.

É importante que tenhamos a mente aberta e livre para tudo o que o universo proporciona. Com isso, quero dizer que não adianta ter acesso a todo tipo de conhecimento se você não aprender a evoluir com o que aprende.

Quando a consciência é expandida, passando da consciência do "Eu" para a consciência da unidade entre nós, os sistemas de que fazemos parte e o espiritual, o indivíduo é capaz de alcançar quatro grandes realizações:

1. Tornar-se criador consciente da riqueza.
2. Ser reconhecido como agente da transformação do mundo.
3. Alcançar o campo espiritual e energético.
4. Servir a humanidade.

1. Tornar-se criador consciente da riqueza

Quando sua consciência e seu interior estão vibrando em consonância com todos os seres que habitam este mundo, quando seu estado interior é um estado de beleza, de graça e de amor, você cria riqueza com facilidade, porque não precisa brigar por ela. Você não precisa estar sempre estressado, com pressa... Não precisa negligenciar sua família nem adoecer.

Você atrai a riqueza – e por você mesmo – se o seu interior encontrar harmonia, leveza, tranquilidade, propósito e, principalmente, conexão com a consciência universal. É assim que você se torna um criador consciente de riqueza.

Ser um criador de riqueza é mais que ser rico. Criadores produzem riqueza porque agem, porque trabalham, porque buscam e porque acreditam que são capazes. Se ainda acredita que o estresse, a competição e a falta de tempo são indicadores de que você está indo muito bem no propósito de ter riqueza material, então está completamente enganado.

Ser um criador consciente da riqueza é uma realização, uma conquista, um dos prêmios do trabalho com a consciência. Essa sensação de que há energias, vibrações, sorte ou qualquer outro nome que nos acompanham não é misticismo: é realidade. É importante não ignorar que o transcendental e o metafísico também são realidades – a diferença é que são mais aceitas no campo místico-religioso e negadas por algumas correntes científicas.

Eu desejo profundamente que você, ao ler este livro, se torne um grande criador de riquezas, que conscientemente queira riqueza não apenas para si mesmo e que encontre sua riqueza gerando riqueza no mundo.

2. Ser reconhecido como agente da transformação do mundo

Ser um agente de transformação do mundo é uma grande realização do ser humano. Não apenas esperar que o mundo mude, nem esperar que alguém mude o mundo, mas ser você mesmo um agente de transformação.

E, ao se tornar um agente de transformação, você desperta amor e compaixão ilimitados e impacta todas as gerações que estão por vir. Sua presença passa a impactar as pessoas que estiverem no mesmo lugar que você, pois você tem o poder de curar e de mudar a vida de todos. Você passa a ser um criador de mudanças, transformando os seus relacionamentos e manifestando-se como líder.

Conformar-se com o mundo não nos ajuda a ser pessoas melhores e não nos coloca no caminho de evolução que tanto desejamos e pelo qual nos empenhamos. Quem expande sua consciência não se conforma com o mundo, mas age no mundo, atuando na transformação dele. Quem fecha os olhos para as dificuldades das pessoas ao seu redor não transforma o mundo. Quem age para que, ao menos no seu campo de alcance, os outros tenham alguma dignidade e vivam com o mínimo de qualidade torna-se um transformador.

Esse processo da consciência cósmica universal gera inconformidade. Gera um sentimento de empatia e pertencimento tão profundos que fica impossível não sentir as dores do mundo, até que a inércia se torna insuportável. Pessoas assim são socialmente reconhecidas como transformadoras, como pessoas que criam mecanismos de mudança para cada realidade.

3. Alcançar o campo espiritual e energético

No nível mais sutil de percepção, os voos são mais altos. Atingimos outra consciência, pois passamos a viver a vida como se fosse algo mágico, uma realidade transcendental, para além da realidade terrena. Com essa conquista, transcendemos o sofrimento.

Para alcançar o campo espiritual e energético não basta ter uma religião. Os fariseus eram altamente religiosos, envolvidos na organização política dos templos, mas não se pode afirmar que em seu coração carregassem valores religiosos. Há, nas igrejas, religiosos fervorosos que não alcançaram o campo da iluminação espiritual, embora seja verdade que a prática religiosa facilita o caminho até ele.

A graça de alcançar a realização no campo espiritual e energético nos faz fortes o suficiente para ajudarmos a nós mesmos e aos que estão em nosso entorno. Nesse estado nós nos sentimos seguros, inteligentes e capazes, nossas ações tornam-se eficazes e criam um impacto positivo nas pessoas e no mundo.

Espiritualidade não é religião, tampouco apenas ritualidade. Espiritualidade é uma fusão entre todos os conhecimentos: filosófico, científico, religioso, popular e artístico. A verdadeira espiritualidade (e também a verdadeira religião) se cultiva no silêncio interior, na descoberta de si mesmo, na meditação constante, na empatia e no amor a toda criação.

4. Servir a humanidade

Essa é a visão suprema de tudo, pois aquele que serve a humanidade alcança a realização máxima de qualquer ser – inclusive a realização de ser rico e próspero –, que é maior que a riqueza.

O serviço à humanidade **é um estado de total conexão com todas as pessoas** no qual a busca é prioritariamente ajudar o próximo a alcançar uma consciência que você também já alcançou ou tem alcançado. Esse é o estado em que tenho vivido desde que assumi como missão propagar os métodos de desenvolvimento humano que aprendi e idealizei.

Servir a humanidade não se trata de fazer caridade. A caridade é menor diante do serviço à humanidade, porque atua sobre fatores de sobrevivência imediata, os quais estão na base da pirâmide das necessidades humanas. O caridoso doa alimentos, roupas, ajuda com a moradia e a saúde do corpo. Uma pessoa caridosa está de fato preocupada com o próximo, mas não o ajuda a evoluir como consciência neste mundo. O serviço à humanidade está naqueles que contribuem para a iluminação das pessoas, para que elas cheguem ao próximo nível de consciência e de evolução.

Um buscador cria outros buscadores. Um buscador é aquele que faz da sua vida uma constante busca de expansão, que vai cada vez mais fundo em si mesmo. É por isso que o buscador pode se tornar um farol e guiar milhares de pessoas em todo o mundo: porque está equipado com sabedoria e vivendo da consciência da unidade.

OS 7 EQUILÍBRIOS

O equilíbrio total é a morte, porque a realidade é sempre a dualidade. Equilíbrio, para mim, é aprender a olhar tanto para a nossa luz quanto para a nossa sombra. Contudo, não sentimos apenas um único tipo de equilíbrio, pois vivemos outras dualidades que precisam ser equilibradas.

O desequilíbrio interno é o pior dos desequilíbrios. Ele se caracteriza pela sensação de que, embora ao redor tudo esteja aparentemente em conformidade, do lado de dentro algo não está calibrado, não está bem.

Todos os 7 equilíbrios nascem da relação entre dar e receber. Esse é o princípio de todos os nossos equilíbrios. É preciso aprender a dar, a ofertar o melhor de nós, especialmente nossos dons e talentos, que recebemos como dádiva da vida. É preciso também saber receber, reconhecendo nossos merecimentos e nossas necessidades.

Equilíbrio é encontrar o melhor caminho entre dois polos que, embora opostos, são realidades da nossa vida. Equilíbrio significa reconhecer que nenhum extremo é realmente bom como pensamos, e que é preciso desenvolver inteligência emocional para encontrá-lo. Equilíbrio de não cair em nenhum extremo, de conseguir manifestar raiva quando necessário, mas de também demonstrar amor e compreensão.

O caminho da prosperidade e da riqueza exige de nós 7 equilíbrios supremos.

O 1º equilíbrio é entre certezas e dúvidas: nem verdades absolutas, nem eternas dúvidas e suspeitas. Assim conseguimos ser mais flexíveis com nossas convicções, aceitando o ponto de vista do outro e suspendendo os julgamentos. Ser curioso é o equilíbrio entre certezas absolutas ou dúvidas eternas. Reconheça o que você sabe e também o que não sabe.

O 2º equilíbrio é entre indulgência e julgamento: o poder de perdoar o outro e a nós mesmos é importante para termos uma vida equilibrada. Isso constitui a indulgência, uma disposição para o perdão em todas as suas formas. A dificuldade de perdoar irrompe do ímpeto de julgar. Quem julga busca culpados e punições, e isso desarmoniza nossa existência, pois assumimos um lugar que não é nosso, o de juiz. Perdoamos quando somos capazes de julgar com condições para reavaliar nossos julgamentos. Perdoar sem fechar os olhos para os erros é uma evidência de equilíbrio.

O 3º equilíbrio é entre dominação e subserviência: dominar o outro é privá-lo de liberdade, é um exercício de poder autoritário e violento. Submetermo-nos ao outro com passividade e subserviência é anular nossa identidade. As relações humanas são sempre o meio-termo entre esses dois polos, portanto é fundamental encontrar um caminho entre impor a sua vontade de forma autoritária e anular-se.

O 4º equilíbrio é entre possessividade e indiferença: a posse é sinônimo de exercer poder sobre o outro e uma consequência da dominação. Já a indiferença é um sinal de desprendimento e de desprezo para com o outro, uma forma de abandono. Não somos propriedade uns dos outros, mas também estamos todos vivendo juntos, no mesmo universo. É importante ter afeto e empatia nas relações: esse é o equilíbrio.

O 5º equilíbrio é entre renúncia e buscas extremas: abrir mão de algo é sentir que aquilo não vale mais a pena. Já a insistência é não admitir que não haverá bons resultados. A estabilidade entre esses dois sentimentos é primordial para pararmos de buscar consequências sem percebê-las e de abdicar de coisas que ainda podem dar certo.

O 6° equilíbrio é entre a falta de cuidado e a obsessão por perfeição: quem não se condenou perpetuamente por um erro? Quem não deixou de ter a atenção necessária para fazer algo que resultou em um trabalho malfeito? A jornada do despertar leva ao reconhecimento de sua essência e de que ser perfeito é ser do jeito que você é. A questão no que diz respeito a esse equilíbrio é ter sempre cuidado o bastante com todas as coisas. A falta de cuidado com os projetos e consigo mesmo leva ao desleixo e ao erro, e a perfectividade é uma busca vã, porque a perfeição é inalcançável.

O 7° equilíbrio é entre a realidade e a projeção: viver a realidade intensamente pode nos causar tristeza e desilusão, porque a realidade é absolutamente dura e, muitas vezes, má. A projeção é o sonho, a nossa ideia de futuro, a realidade imaginada e desejada. Viver apenas a realidade dura é sofrimento, viver apenas o sonho e a projeção é não enfrentar os desafios da vida. O equilíbrio entre esses dois pontos é estar no presente, inteiramente conectado com o nosso propósito de ser agente da transformação do mundo, olhando para a realidade, mas inconformado com ela, sempre buscando a transformação para algo melhor.

FACES DA EVOLUÇÃO DE SI MESMO

No momento em que buscamos uma evolução pessoal com expansão da consciência, conseguimos celebrar nossa existência, dar valor ao nascimento e à morte, à doença e à saúde, a sentir-se perdido e a ser encontrado, à separação e ao amor.

Nessa jornada para sermos pessoas melhores em busca de prosperidade, sentimos que a separação, a falta de propósito ou de motivo para viver deixa de existir e vivenciamos apenas a realidade tal como ela é.

Cada um de nós, na busca pela autoevolução, almeja um estado de iluminação, e ele se apresenta de modo particular para cada pessoa. Pode ser uma autocura caracterizada pela superação de um trauma ou medo, pode ser uma mudança de mindset. No entanto, todos nós somos capazes de sentir cinco estados de iluminação:

1. Estado de extrema felicidade.
2. Estado de grandeza da compaixão.
3. Estado de equilíbrio pleno.
4. Estado de unicidade.
5. Estado de consciência universal.

1. Estado de extrema felicidade

Para que possamos encontrar a iluminação, um dos estados internos mais desejados e necessários é o da extrema felicidade. É um estado no qual o nosso Ser é tomado de alegria e de satisfação, sentimentos que nascem em nosso interior e são exteriorizados para o mundo, contagiando quem nos rodeia e todos os ambientes dos quais fazemos parte.

Pessoas felizes são aquelas que têm contentamento em viver, que estão satisfeitas mesmo diante de possíveis dificuldades. Pessoas verdadeiramente felizes não são as que não passam por sofrimentos, mas as que reconhecem os sofrimentos como parte da existência humana.

A felicidade é uma conquista que advém de nossa vontade. Para encontrá-la é necessário desenvolver a capacidade de aprender a obtê-la todos os dias. Quando entendemos que somos os únicos responsáveis por nossa história e por nossa felicidade, começamos a trabalhar intensamente por elas. Nossas atitudes positivas tornam-se hábitos, gerando um estado de espírito de permanente contentamento.

A construção de nossa felicidade e desse estado interno não tem fórmula mágica. Há exemplos de pessoas que alcançaram o estado de felicidade ou de bem-estar subjetivo, entretanto esse é um caminho muito subjetivo. Não adianta ficar se comparando e tentando imitar as atitudes de pessoas que você acha que são felizes. A comparação, na maioria das vezes, levará a estados de julgamento e à frustração.

O que significa felicidade para você? De onde vem a sua felicidade? Onde você acredita que ela está neste momento? No seu passado ou no futuro?

Saiba que, mesmo que o estado de felicidade seja algo individual, a felicidade plena tem dois fatores comuns a todos: ela vem de dentro e se concretiza sempre no estado do tempo presente.

Só podemos encontrar a felicidade no agora. O presente é o único tempo que realmente existe e o único no qual temos poder de ação. Não fique preso aos tempos áureos que já passaram ou somente esperando as condições ideais para que, no futuro, você verdadeiramente possa ser feliz.

Quando estamos vivendo em um estado de extrema felicidade, cada segundo de nossa existência é percebido como único. Tudo o que fazemos, nosso trabalho, as tarefas banais, nossos relacionamentos afetivos, nossas conversas. Desde o bom-dia que damos ao porteiro até as tarefas domésticas, tudo isso advém da paz, da plenitude e do contentamento provindos do estado de felicidade extrema.

Quando você vive e procura o estado de felicidade extrema, tudo é mais intenso, mais sensorial e mais profundo. Tudo o que fizer e a maneira como agir terão um significado que ultrapassa você mesmo. Quando toma consciência disso, você se torna uma esponja que absorve a felicidade que o universo emana.

2. Estado de grandeza da compaixão

Compaixão é um sentimento muito bonito e importante que está ligado à empatia. Está ligado a colocar-se no lugar do outro, a buscar entendê-lo e voltar seu olhar para quem está passando por um momento de dificuldade.

Ter compaixão é bem diferente de sentir pena de alguém. Com a compaixão, não nos colocamos acima dos outros, não nos alegramos por não nos encontrarmos na mesma situação de alguém e nem julgamos. Ao contrário, nos disponibilizamos a ajudar porque desejamos que a outra pessoa cresça e se desenvolva por si própria.

A compaixão estimula a ação para a transformação do estado de dor, sofrimento e tristeza de outro indivíduo. Tal sentimento foca o alívio e não simplesmente o entristecer junto.

Na busca por um estado de iluminação, precisamos desenvolver em nosso interior o sentimento de empatia e compaixão pelas pessoas com quem convivemos e também pelas que não conhecemos. Todos os seres humanos merecem nossa compaixão, independentemente de quão próximos somos deles.

A compaixão é uma das chaves de transformação do estado interno em busca da paz, de nos tornarmos verdadeiros transformadores do mundo. Quando trabalhamos esse sentimento em nós, ele é exteriorizado, contagiando e modificando ambientes e pessoas ao nosso redor. Um pequeno ato de compaixão pode ser exponencialmente ampliado para todo o mundo. A compaixão gera compaixão, e isso transforma tudo.

A compaixão surge da vontade de acabar tanto com o nosso sofrimento quanto com o do outro. Somos unidos pelo desejo de superar o estado de sofrimento que é comum a todos os seres humanos.

Acredite, a experiência humana, entre todos nós, é mais parecida do que imaginamos. Somos unidos por nossas semelhanças. Por isso estou convidando você a viver pelo estado de grandeza da compaixão, que só gerará frutos benéficos a você mesmo, a seu estado de espírito, a todas as pessoas com que convive e os sistemas de quais você faz parte e, consequentemente, para toda a humanidade.

3. Estado de equilíbrio pleno

O estado de equilíbrio pleno é aquele no qual não somos perturbados pelo movimento de nossos pensamentos ou pela vida de maneira geral. Quando vivemos nesse estado, somos observadores e testemunhas da vida de um modo fluido e leve. Não temos a necessidade de nos apegar a nada, ficamos livres do apego a desejos ou a qualquer experiência.

No estado de equilíbrio pleno não nos deixamos afetar pelas coisas que nos cercam. Os problemas são menores, e não permitimos que interfiram no decorrer de nossa vida. Sabemos que tudo é passageiro – desse modo, nada tem de fato o poder de nos deixar mal, entristecer-nos ou abalar-nos.

Qualquer coisa que produzirmos fora do estado de equilíbrio trará consequências negativas. Isso acontece porque, quando não estamos focados naquilo que fazemos, qualquer coisa nos tira a atenção e somos facilmente corrompidos; nós nos irritamos com facilidade, já que tudo toma proporções muito maiores do que realmente tem.

O PRESENTE É O ÚNICO TEMPO QUE REALMENTE EXISTE E O ÚNICO NO QUAL TEMOS PODER DE AÇÃO.

O que faz você perder a razão, o eixo e o equilíbrio emocional e espiritual? O que o impede de seguir em frente?

Manter um estado de equilíbrio é praticar o desapego. Os sofrimentos nada mais são do que apego, diversos tipos de apego: material, às pessoas, aos nossos desejos, ao poder e, finalmente, à vida. Tudo isso é efêmero, não temos controle sobre nada. Apegar-se a isso ou àquilo é querer segurar bolhas de sabão. Não faz sentido. A única coisa que você conseguirá é machucar sua mão. Assim como elas permanecerão em sua mão por dois segundos, em dois segundos elas se vão.

Não se prenda ao que é passageiro. Se você fizer força ou não para manter algo passageiro consigo, o resultado será o mesmo: o que é transitório vai embora da mesma maneira que veio, você se apegando ou não. O apego só fará você se sentir frustrado e triste.

O desequilíbrio gera sofrimento; já o equilíbrio e o desapego trazem libertação. Fazem-nos mais felizes, porque não nos desapontamos, uma vez que temos consciência do que realmente importa. Nada no plano terrestre tem real importância, pois não levaremos nada daqui. Por isso podemos direcionar nossa energia ao crescimento e à evolução espiritual, os quais são perpétuos.

No momento em que entendemos que estamos neste plano e nesta vida somente de passagem, não nos apegamos ao que não tem verdadeira importância, pois sabemos que o que realmente tem valor não está neste plano, não está nem no material, nem mesmo em nossos relacionamentos. Está em nós mesmos, em nossa missão e em nosso legado. Se compreendermos isso, teremos mais estabilidade em nossa jornada e em tudo que fizermos.

4. Estado de unicidade

O estado de unicidade – em sânscrito, *Tat Tvam Asi*, "você é isso" – é uma expressão do relacionamento de uma pessoa com o absoluto. Nesse estado estamos intimamente conectados à consciência universal. Os limites da matéria, do corpo e da mente são ultrapassados. Eles deixam de existir porque estamos conectados a algo que é eterno e infinito.

Tornamo-nos tudo aquilo que nos rodeia. Somos as árvores que florescem nos bosques e parques, somos os pássaros que cantam na alvorada, as ondas do mar que rebentam na praia, o vento que abranda o calor, a chuva que umidifica o solo, o som de uma música alegre, o sol que queima a pele. Somos tudo.

Como estamos em união com o todo, entendemos que ajudar o próximo é ajudar a nós mesmos. Somos todos iguais e estamos todos conectados. As ações para com os outros têm impacto direto em nós mesmos.

Não desejamos nunca o mal aos nossos semelhantes. Não pensamos jamais em destruir a natureza. Porque estamos conectados a eles. Sabemos que, quando contaminamos algo, estamos contaminando a nós mesmos.

Mais significante que o indivíduo é o Todo. Nós somos o Todo e o Tudo. Desejamos preservar o todo, porque estamos dentro dele e intimamente unidos a ele.

Existe uma consciência que é única, e nós somos essa consciência. Fazemos parte dela. Ela é eterna: sempre existiu e sempre existirá. Por isso desejamos produzir, ser e estar no seu estado de excelência, pois sabemos que ações e pensamentos são maiores que nós mesmos e que tudo está interligado.

5. Estado de consciência universal

O estado de consciência universal é chamado de *Aham Brahmasmin*. Verificando a etimologia dessas palavras, podemos entender melhor o seu significado: *Aham* significa "eu", algo que não pode ser deixado, que está a todo momento presente. E *Brahma*, o "sempre completo", é o que está inteiro.

Assim podemos entender que essa consciência é a do Eu Presente com o que é completo e inteiro. É a união do "Eu" individual com o absoluto. Na verdade, uma das possíveis traduções para essa expressão é "Eu Sou Divino". Aquele que nos criou e nós, como criaturas, não somos duas entidades separadas: somos um só.

Somos toda a vida. A que existiu e já passou, a que estamos vivendo e até mesmo a que ainda viveremos. Somos todos os seres que já existiram. Viver vai muito além de nossa própria existência.

Nós somos tudo, tudo faz parte de nós, somos produto de uma mesma coisa. Tudo aquilo que existe, que é matéria, é feito de combinações dos mesmos elementos.

De onde vieram esses elementos? O que tudo isso tem em comum? É a partir de Deus, do universo ou de uma força maior que surgem todas essas substâncias e partículas. É por meio Dele que existem terra, água, todos os animais, todas as plantas, assim como as pedras, a poeira, o sol e o mar. Tudo é conectado. Eu, você e tudo o que existe somos feitos dos mesmos elementos.

Antes de existirmos e depois que partirmos compartilhamos com tudo o que existe essa mesma essência divina, universal, imortal, infinita e eterna.

Ao adquirirmos consciência disso, vivemos em paz com nós mesmos e com tudo aquilo que nos cerca. Todas as pessoas são importantes, todos os seres merecem respeito e cuidado. Queremos esse bem a todos da mesma maneira que queremos esse bem a nós mesmos. Isso ultrapassa o individual, ultrapassa os limites do tempo, engloba todo o universo pelo sentimento de unicidade.

O estado de consciência do despertar situa-se entre a consciência individual e a consciência universal, e dele nasce o sentimento de unidade, de sentir-se parte do todo. Assim que nos sentimos integrados, há um encaixe e um sentimento de compaixão e amorosidade por toda a humanidade.

AS 7 LEIS ESPIRITUAIS

Para alcançar o estado de consciência pura e chegar ao nível da libertação profunda, é necessário seguir as 7 Leis Espirituais da vida, tratadas pelo médico indiano Deepak Chopra. Essas leis ensinam a encontrar a si mesmo e, consequentemente, a atingir a riqueza e a prosperidade em harmonia com a natureza.

As 7 Leis Espirituais ditadas por Chopra são, na verdade, leis universais que regem os sistemas da vida. São leis chamadas de espirituais porque estão vinculadas à sutileza das experiências mais sensíveis que vivemos, mas não dizem respeito à religiosidade.

OS SOFRIMENTOS NADA MAIS SÃO QUE APEGO.

São elas:

1. Lei da potencialidade pura.
2. Lei da doação.
3. Lei da causa e efeito.
4. Lei do mínimo esforço.
5. Lei da intenção e do desejo.
6. Lei do distanciamento.
7. Lei do propósito de vida.

1. Lei da potencialidade pura

Por meio dessa lei, conseguimos nos conectar àquilo que realmente somos, deixando de lado a máscara social que acreditávamos ser nosso verdadeiro "Eu". Quando somos guiados pelo ego, essa máscara social, nos preocupamos com parecer e ter, e medimos o nosso valor e o de tudo ao nosso redor com base na posse de *status* social, de dinheiro e de bens, entre outras coisas.

Uma vida comandada pelo ego sempre se sustenta em coisas externas, pois ele tem necessidade profunda de aceitação e de dominar outras pessoas. Contudo, essa dominação é frágil. Reflita por um segundo como seria a vida de uma pessoa ancorada em elementos externos. O que aconteceria se, do dia para a noite, ela perdesse tudo: emprego, relacionamento, dinheiro e bens?

O mais íntimo dessa pessoa é externo, é algo sobre o que ela não tem controle. Se o indivíduo perder tudo, não sobrará nada, nenhum alicerce, nem identidade, o que poderá ocasionar autoavaliações depreciativas, como sentir-se desprezível e sem valor algum.

No entanto, quando encontramos nosso verdadeiro "Eu", quem realmente somos, nossa verdadeira essência, nosso propósito e todo o nosso potencial, bens materiais e elementos externos não poderão nos abalar, pois estaremos assegurados por nós mesmos. Só alcançamos nosso verdadeiro Ser quando adentramos mais fundo, rumo ao autoconhecimento.

O "Eu" é a fonte da sabedoria, da criatividade, da liberdade interior e da plenitude.

Só conseguimos encontrar a nossa verdadeira essência quando destinamos uma hora do nosso dia à prática do silêncio, afastando-nos de tudo (pessoas, mídias, aparelhos eletrônicos). Esse silêncio nos leva a conhecer verdadeiramente quem somos, quais são os nossos valores e sonhos. Isso pode ser feito por meio de meditação, de não julgamento e integração com a natureza. Esse momento é essencial para organizar todo o conhecimento adquirido ao longo do dia.

Suas ações para com os outros têm impacto direto em você mesmo.

2. Lei da doação

A segunda lei da vida consiste em dar algo para podermos receber em troca. A vida de todos os seres é regida por trocas, a começar pelo ar que respiramos, pois inspiramos O_2 e expiramos CO_2 para que as plantas consigam transformar esse gás carbônico no oxigênio que será inspirado por nós.

O mesmo acontece com as relações interpessoais. Quando damos amor, a tendência é recebermos amor. Quando damos alegria, o mundo ao nosso redor se encherá de alegria, e assim a receberemos também.

A vida é uma intensa e constante troca, desde o começo do dia até a hora de voltar para a cama, por isso devemos compreender o que estamos trocando com as pessoas. A energia que emanamos é a mesma que voltará para nós.

3. Lei da causa e efeito

Quando nos perguntamos quais são as consequências de nossas escolhas, percebemos que, para cada ação que realizamos, haverá um efeito diferente. A terceira lei da vida diz respeito a tudo que colhemos de nossas ações.

Para que consigamos atingir o ponto mais profundo e elevado de nossa consciência, precisamos sempre pensar e ponderar cada uma das consequências de nossos atos e aceitá-las. Se plantamos ervas daninhas, vamos colher ervas daninhas. Contudo, se plantamos lindas margaridas, muito provavelmente colheremos as mesmas margaridas que tínhamos em mente quando depositamos as primeiras sementes na terra.

4. Lei do mínimo esforço

Algumas pessoas podem confundir o mínimo esforço com preguiça ou comodismo, mas, na verdade, essa lei refere-se ao esforço que fazemos nos preocupando e nos estressando com coisas que não vão se resolver dessa forma.

Por exemplo, quando decide reformar sua casa e descobre, depois de já ter quebrado as paredes, que o dinheiro não será suficiente, você é acometido por preocupações e ansiedades que o farão perder ainda mais energia para realizar o seu desejo, além de espantar ideias como "trabalhar mais" ou "ter outras fontes de renda".

Nesses instantes de estresse, é preciso parar e perceber que devemos aceitar algumas coisas como elas são, sem tentar forçar para que sejam do jeito que nós queríamos que fossem. Reflita sobre os relacionamentos: às vezes, um namoro ou um casamento não dão certo porque desejamos que a outra pessoa seja de uma forma, mas ela é de outra. De que adianta forçar uma mudança que nunca virá? Já pensou que talvez seja melhor aceitar o outro como ele é?

Essa lei trata de aceitar as coisas como são, mesmo que você queira que, no futuro, elas sejam diferentes. Esse é o quarto passo rumo ao destino iluminado da consciência.

5. Lei da intenção e do desejo

Começarei a explicar a quinta lei da vida por meio de duas perguntas:
- Você tem um sonho?
- E o que você já fez para realizá-lo?

Quando temos um sonho, seja ele qual for, nós nos empenhamos ao máximo para torná-lo realidade. Essa lei refere-se à atenção e à intenção que colocamos em um objetivo.

A atenção é a energia focalizada, e a intenção é a força transformada. Quando aliamos as duas, transformamos e influenciamos a energia à nossa volta, fazendo a roda da vida girar.

A atenção e a intenção são primordiais na busca por uma consciência libertadora, pois, com elas, estamos almejando um nível superior, uma mudança em nossa vida.

6. Lei do distanciamento

A lei do distanciamento está diretamente ligada à lei anterior, a Lei da intenção e do desejo, pois, quando colocamos muita força em um empreendimento, quase sempre buscamos um resultado específico com demasiada expectativa. Contudo, é possível que essa expectativa não seja atendida em sua totalidade, o que pode gerar frustrações e decepções.

É importante que criemos um espaço, uma distância entre a realidade e a nossa ideia de como as coisas deveriam ser, já que apenas dessa forma conseguiremos alcançar níveis superiores de consciência.

As expectativas geram sentimentos negativos, pois nascem de uma ideia de falta, de ausência de algo que ainda está por chegar. A felicidade só existe no momento presente, não existe no futuro, que é visto tendenciosamente como perfeito e repleto de realizações.

Uma consciência pura só é possível quando nos desprendemos das ideias preconcebidas e dirigimos o olhar para todas as outras possibilidades.

7. Lei do propósito de vida

Se perguntarmos para a pessoa que está ao nosso lado "o que é propósito?", provavelmente ela saberá explicar, mas será que saberá dizer qual é o propósito da vida dela?

E você? Sabe qual é o seu propósito?

Todos nós provavelmente sabemos o que é propósito de vida, porém muitos passam uma vida inteira tentando encontrá-lo sem sucesso.

A sétima e última lei da vida é o encontro com nossa missão de alma, por meio da qual compreendemos no que somos bons, qual é o nosso verdadeiro talento e como ele pode ajudar outras pessoas e o mundo a serem melhores.

Atingir uma consciência libertadora é também encontrar dentro de si sua verdadeira vocação e qual é a forma única pela qual você a expressa, algo que apenas você é capaz de fazer do jeito que faz. Essa vocação está relacionada diretamente ao prazer de fazer alguma coisa que faz você perder a noção do tempo, entrar em *flow*.

Porém, não basta entender qual é o seu verdadeiro talento: é essencial que saibamos como esse talento pode suprir as necessidades das pessoas.

Você já descobriu qual é o seu propósito de vida? Se não houvesse sobre você as expectativas sociais nem a pressão de ganhar dinheiro, o que você seria? O que você faz que o deixa realmente feliz em fazer? O que você faz que lhe dá uma satisfação imensa e que poderia ajudar as pessoas? Essas perguntas são importantes para que você descubra o verdadeiro propósito de sua vida.

***

Se no primeiro capítulo eu me preocupei em mostrar a você como a sua consciência não é mera abstração, e sim uma parte da sua essência humana que o conecta ao universo, neste segundo capítulo vimos como podemos nos tornar criadores conscientes de riqueza, já que muitos, inconscientemente, criam essas riquezas, materiais e espirituais, sem a ciência de como se dá esse processo.

Estes dois capítulos tiveram como propósito apresentar de que maneira a nossa forma de ser e agir impacta o mundo. Trata-se da evolução da consciência do "Eu" para a consciência do Todo. As riquezas, todas elas, devem ser fruto do merecimento de nossas ações, e é por isso que a busca pela riqueza é, antes de mais nada, uma busca interna, um estado interior a ser cultivado. Um estado de beleza interior, isso é o que gera riqueza.

3

A VERDADE INTERIOR

Já parou para pensar em sua própria mudança ao longo dos anos? Em como você amadureceu e se tornou diferente daquela pessoa que era dez anos atrás? Se fizéssemos o esforço de olhar para trás, para as coisas que fazíamos e dizíamos, veríamos como somos mutáveis, um novo ser a cada nova época. Isso acontece porque, ao longo dos anos, vamos adquirindo maturidade, conhecemos pessoas que nos fazem enxergar para além dos limites impostos por nós mesmos e questionamos as crenças que não nos deixavam seguir a trilha do sucesso.

As tentativas, as conquistas e os fracassos também proporcionam mudanças. Cada tentativa de encontrar uma profissão que traga satisfação, cada início em um novo curso na faculdade até encontrar aquele que realmente completa sua alma, cada busca pela religiosidade que vai preencher seu espírito, cada livro lido, cada filme visto... Tudo isso é sabedoria, é engrandecimento, é aprendizado.

Todos os caminhos que percorremos ao longo da vida nos fazem entender que, muito provavelmente, o caminho mais árduo é aquele que nos levará ao mais profundo do nosso ser.

De que adianta conhecer as religiões, ler os melhores livros, ver os filmes mais intensos, se não percebemos que a verdadeira sabedoria está dentro de nós mesmos?

O único caminho que pode nos levar a transcender, ao autoconhecimento, é cheio de altos e baixos, inseguranças e incertezas, inquietudes e calmaria, avanços e recuos, terra batida e asfalto liso, calor e frio, luz e sombra, mas é o único caminho possível para alcançar nossa divindade interior.

Ao percorrer esse caminho, conseguimos entender quem verdadeiramente somos, desvendamos segredos até então fechados a sete chaves, descobrimos nossos sentimentos mais profundos, nossas mágoas e até mesmo os amores mais enraizados. Aquele mistério que até então parecia indecifrável se torna mais translúcido que o vidro mais transparente.

Chegar a esse ponto é entender nossa essência, visualizar as crenças que nos limitam e as que nos fazem mais fortes, saber que nosso lado sombra existe para equilibrar nosso lado luz, que ambos são necessários para a existência como pessoa.

Chegamos assim ao Divino que habita cada um de nós. Durante todo o percurso, sentimos cada uma das partes do nosso corpo; vemos cada sentimento positivo e negativo que carregamos no mais profundo do nosso ser; descobrimos nosso propósito. Trilhar o caminho que o levará para dentro de si mesmo é aceitar a sua missão e tomá-la para si, fazendo dela realidade.

O verdadeiro conhecimento de nós mesmos proporciona um novo olhar a tudo que nos cerca, um olhar de compaixão ao mundo. Conhecer a si mesmo é também conhecer o universo e encontrar a divindade.

Pensando nesse percurso do autoconhecimento, será que mudamos mais quando olhamos para o mundo exterior ou quando nos voltamos para o mundo interior? Qual será o caminho mais difícil e mais gratificante: nadar no mar aberto ou mergulhar nas partes mais profundas que nos fazem ser quem somos?

Trilhar o caminho que leva para dentro de si mesmo é aceitar a sua missão e tomá-la para si, fazendo dela realidade.

AUTOSSUFICIÊNCIA, DEPENDÊNCIA OU VULNERABILIDADE

Qual é a sua verdade interna? Você acredita ser autossuficiente? Ou acredita que nada pode sozinho?

O que pensamos sobre nós se torna verdade para nós. A imagem que você tem de si mesmo, aquilo que acredita a seu respeito também cria uma realidade sobre você no mundo. É a partir desse referencial que você vai narrar a sua história e produzir suas metas e objetivos.

Há dois extremos que costumam construir nossa verdade interna: em um polo está a ideia de **autossuficiência** e, no outro, a ideia de **dependência**.

A ideia de autossuficiência, que provoca o julgamento dos outros, sempre nos colocando numa (falsa) posição de superioridade, advém do esquecimento de que vivemos com outros seres humanos que devem ser honrados e respeitados. A autossuficiência não produz riqueza, pois não existem movimentos de riqueza e prosperidade na divisão e na ideia de superioridade.

Já a dependência é fruto das crenças de inferioridade e falta de merecimento. Pessoas que julgam não conseguir sozinhas diminuem a si mesmas e seu poder pessoal. A dependência pode ser emocional, como entre os que dizem não conseguir viver sem uma pessoa, ou aqueles que acreditam que não conseguem executar determinada tarefa e vivem pedindo ajuda.

Diante disso, qual é o seu olhar para o mundo? Será que nos vemos como adultos que olham, de cima, para uma criança, ou como a criança que olha, de baixo, para um adulto? Será que nos damos conta de nosso verdadeiro papel no universo? Será que a nossa autossuficiência nos cegou e impossibilitou de olharmos ao redor e dentro de nós mesmos? Você está se entregando de corpo e alma ao universo?

Entre a autossuficiência e a dependência está uma terceira verdade interna: a **vulnerabilidade**. Estar/ser vulnerável significa estar sujeito a ser afetado. Quando assumimos nossa vulnerabilidade, percebemos que nossa ligação com os outros e com o universo é inevitável. Aceitamos que somos afetados pelo mundo e que afetamos tudo e todos à nossa volta.

Nossa vulnerabilidade nos conecta, ao contrário do que alguns podem pensar. A vulnerabilidade não é uma fraqueza, mas um dos maiores poderes que temos como seres humanos. Uma pessoa que reconhece que estava emocionalmente abalada e, por isso, não conseguiu dar o seu máximo é muito mais poderosa e se encontra bem mais no caminho da evolução do que aquela que, no afã de se mostrar bastante superior e mais preparada que os outros, aponta o dedo, julga e se coloca no lugar de inviolável.

A pessoa que aceita sua dualidade, suas sombras, seus erros; que aceita que é suscetível aos outros no mundo, que aceita que, ainda que senhora de si mesmo, isso não faz dela um ser inatingível, cresce, evolui, se expande, se desenvolve, modifica sua realidade e a de todos ao redor. Ela constrói sua realidade e contribui com o mundo.

Aceitar-se vulnerável é sentir-se livre para assumir a sua verdade interna, é poder abrir-se para todas as possibilidades sem julgamentos, é experimentar o fato de ser você mesmo, é agradecer pela vida e por tudo que você é.

DOIS ESTADOS INTERNOS

Há apenas dois estados internos possíveis. Quando falo de estados internos, me refiro à forma como você se sente por dentro, como você está mental e espiritualmente. Tenho certeza de que o mundo é complexo, e em geral rejeitamos ideias que reduzam o ser humano a uma dicotomia, mas, no caso tratado aqui, realmente não há variáveis. São dois estados internos.

Nossa vida interior, nossa mente/alma, nossa sensação espiritual... Ou nos farão sentirmo-nos bem, tranquilos e em paz, ou angustiados, ansiosos e tensos. Ou sentiremos fé, confiança e motivação, ou descrença, dúvida e negação.

Eu chamo o primeiro de **estado de sofrimento** e o segundo, de **estado de graça**.

O estado de sofrimento é vivenciado quando inconscientemente decidimos nos conectar com nossas energias mais negativas e pessimistas, fatos e memórias ruins, fracassos, rejeição, o eu e o ego.

É o estado da separação e do individualismo, um estado narcísico no qual vemos nossa vida como algo terrível e fechamos os olhos para tudo e todos à nossa volta, pois só conseguimos enxergar como somos terrivelmente sem sorte. O estado de sofrimento não é um acontecimento ao acaso, mas uma escolha mental, inconsciente, que vamos alimentando durante a vida.

No estado de sofrimento tudo que ouvimos gera crítica, desconfiança e negatividade. Qualquer notícia é vista primeiramente como algo ruim, mesmo que esteja repleta de intenção positiva. Nesse estado há sempre um "mas...", e isso faz com que nossa mentalidade e espiritualidade fiquem com uma coloração acinzentada e com uma sensação de peso.

No estado de sofrimento não produzimos riqueza, apenas limitações.

O outro estado é o estado de graça, de beleza interna. Nele há a escolha inconsciente de nos conectarmos com energias de positividade, de fraternidade, nós nos conectamos com o outro em essência e com o universo em todas as suas vibrações. Em outras palavras, se fizer sentido para você, no estado de graça nos conectamos com Deus.

É o estado em que exercitamos nossa empatia em plenitude e escolhemos ver o nosso potencial e poder interior. No estado de graça aprendemos com o sofrimento e as perdas, e levamos esse aprendizado adiante. É um estado de florescimento, que nos leva a evoluir cotidianamente. Não há evolução fora do estado de graça.

O estado de graça é uma escolha inconsciente, mas pode tornar-se uma escolha consciente, uma prática, um hábito. É possível, mesmo que tenhamos escolhido viver os últimos anos em estado de sofrimento, passarmos a viver em estado de graça e de florescimento interior.

NO ESTADO DE SOFRIMENTO ESCOLHEMOS	NO ESTADO DE GRAÇA ESCOLHEMOS
Energia e memórias de sofrimento	Energia e memórias de superação
Narcisismo	Empatia
Foco no problema	Foco nas soluções
Potencialização das perdas	Ressignificação
Perseguição	Agir para mudar
Baixa autoestima	Estima por si mesmo
Estagnação	Movimento para a luz

O estado de sofrimento exige de nós um gasto extraordinário de energia, uma energia desperdiçada que não produz nada de útil para a nossa vida. Gastamos tempo demais ansiosos e sofrendo. A energia despendida com o sofrimento vai gerar, no futuro, a sensação de que não estamos fazendo nada de útil. Em determinado momento, paramos e pensamos: "o que eu conquistei até hoje?".

Talvez você esteja gastando muita energia com ansiedade e sofrimento; com o medo de que as coisas deem errado e de se frustrar, quando deveria estar gastando energia planejando, aprendendo e colocando a mão na massa.

Sem nos libertarmos do estado de sofrimento, jamais produziremos riquezas. Esse processo de libertação parte de compreendermos por que nosso estado interno nos leva ao padrão de negatividade e de sofrimento. Será falta de amor-próprio? Será que estamos presos às memórias traumáticas do passado? Será que alguém nos convenceu de que não somos merecedores?

Esse talvez seja o maior segredo que quero contar neste livro. Estou afirmando que, se não nos libertamos dos efeitos do estado de sofrimento, não evoluímos, não construímos nada neste mundo nem alcançamos os estados de felicidade. A felicidade e a evolução exigem de nós que nos libertemos do estado de sofrimento.

Só produzimos riqueza em estado de graça, o qual é um estado de não sofrimento.

Estado de graça é um estado de conquista. Graça é benevolência, estima e abertura a receber. É um estado de plenitude, de plena conexão. O estado de graça nos conduz naturalmente a um estado de riqueza, material e interior.

E por que o estado de graça produz riqueza? Porque, nele, tudo nos soa como oportunidade, como possibilidade. Nada nos parece ser impossível ou difícil demais. Nesse estado, tendemos a estar abertos aos desafios; e nos desafiamos porque confiamos no que já conhecemos ou em nosso poder de aprender.

Em estado de graça, uma pessoa, mesmo idosa, resolve fazer faculdade e se forma no ensino superior depois de ter passado uma vida inteira sem oportunidades ou se convencendo de que isso "não era para ela". Em estado de graça, uma pessoa se liberta de dez anos de trabalho na mesma empresa em total estagnação e troca a segurança do voo baixo pelo desafio de voos mais altos, perigosos, porém com mais chances de ultrapassar limites.

Em estado de sofrimento, o idoso se conforma com sua situação e o profissional escolhe a estabilidade rasa. Não estamos julgando ninguém, definitivamente não se trata de julgamento, é a constatação de que nossas escolhas refletem o modo como somos em nosso interior.

De qual estado interno você está me ouvindo/lendo agora?

Caso esteja pensando "essa conversa de que todos podem o que quiserem é mais uma conversa-fiada de autoajuda", talvez você esteja em total estado de sofrimento e sinta o tempo todo que alguém está tentando enganá-lo. Será que é uma "conversa-fiada" ou será que você prefere duvidar de si mesmo?

Saiba identificar seu estado interno. Saiba questionar o seu estado interno. E saiba se libertar do seu estado interno caso ele lhe cause limitação.

Ninguém enriquece no estado interno de sofrimento. Não há prosperidade nesse estado.

Você pode me dizer: "ah, mas eu conheço gente em estado de sofrimento que é muito rica". Será mesmo que é riqueza o que essas pessoas acumularam? Será mesmo que o dinheiro deve ser o principal sinônimo de riqueza?

Em estado de sofrimento, o que significa para alguém ter um milhão de reais na conta?

Em estado de sofrimento interno, o que significa ter uma casa grande e o carro do ano?

Em estado de sofrimento, o que significa ter um cartão de crédito sem limite?

Em estado de sofrimento, o que o dinheiro pode fazer por você?

Quer ser rico materialmente? Comece conectando-se com seu estado de graça. Com o estado interno que gera generosidade, conexão, empatia, amor, humanidade, compreensão, reciprocidade.

Comece olhando para si mesmo de forma piedosa, benevolente. Perdoe e peça perdão. Reconheça sua sombra e sua luz na mesma medida, não se julgue nem como autossuficiente, nem como dependente de todos.

Não pense em como as pessoas o machucaram, ignoraram, prejudicaram e frustraram, mas em como você transformou todas essas experiências.

Siga o caminho da reaproximação, pois, em estado de sofrimento, nós nos afastamos das pessoas, rompemos laços por coisas tão pequenas que, aos olhos dos outros, chega a ser incompreensível. Julgamos que qualquer ato de reaproximação de quem nos fez mal pode ser tomado como fraqueza e desejamos ser mais fortes que quem nos magoou. Sem liberar o perdão, sincero e fraterno, a quem nos fez mal, estaremos sempre reféns da raiva e da solidão.

Para um mindset milionário, para uma mente de riqueza, independentemente do que riqueza signifique para você, cultive o estado de graça.

O MUNDO EXTERIOR É O REFLEXO DO MUNDO INTERIOR

Certo dia, Mahatma Gandhi, o grande líder indiano, disse: "quando a alma está feliz, a prosperidade cresce, a saúde melhora, as amizades aumentam, enfim, o mundo fica de bem com você. O mundo exterior reflete o universo interior".

E de que forma o mundo exterior reflete o interior?

É fácil compreender: quantas vezes você já se viu em um dia chuvoso odiando cada momento dele? E quantas vezes você já se viu diante do mesmo clima e amando cada segundo? Depois de responder a essas duas perguntas, você ainda acredita verdadeiramente que o clima é o principal responsável por seu estado interno de sofrimento ou de não sofrimento?

Não nos limitando apenas ao clima ou ao tempo do nosso mundo exterior, mas levando essa percepção para todas as áreas de nossa vida, existem, na Psicologia Pessoal, estudos que afirmam que o exterior é um simples reflexo do nosso interior. A lei do reflexo nos mostra que enxergamos o mundo de acordo com o nosso estado interno.

Quando estamos em um estado de sofrimento, estamos vivenciando internamente conflitos, lutas, desequilíbrios, mal-estar e sentimentos negativos. Por meio desse estado, percebemos o mundo como um lugar limitado, escasso, sem amor ou qualquer outro sentimento positivo. Além de enxergar um mundo de miséria, acabamos projetando nas pessoas com as quais nos relacionamos toda a culpa pelo sofrimento que carregamos dentro de nós. Isso acontece porque ainda atrelamos nossa vida apenas a uma visão física do mundo.

A **visão física** comporta todos os objetivos externos que almejamos, como quanto queremos ganhar, qual profissão queremos seguir, com quem e quando vamos nos casar, em que país queremos viver, qual faculdade vamos fazer. Isso tudo é do mundo exterior.

A **visão espiritual** vem para nos mostrar que existe um mundo interno e que é ele quem comanda nossa existência. Se decidimos viver em estado de graça, o mundo será um lugar abundante e próspero.

Projetamos nas pessoas com quem nos relacionamos nosso estado interno, assim como fazemos com o mundo. Por que, muitas vezes, você não percebe que aquilo de que você não gosta no outro é algo que não gosta em si mesmo? Quantas vezes já brigou com alguém e percebeu que você fazia a mesma coisa?

Estar diante de um espelho e ver o seu reflexo é ver o mundo, é ver o seu mundo, é ter um momento de frente consigo mesmo.

Quando vemos que o outro se comporta de uma forma que não nos agrada ou quando vemos que damos uma carga negativa até mesmo para as coisas boas que estão ao nosso redor, temos a oportunidade de nos enxergar verdadeiramente e entender de onde vem tal sentimento.

Nosso estado interno reflete a forma como agimos no mundo e como nos relacionamos com os outros. Mergulhados em um estado interno de sofrimento, tentaremos sempre mudar e culpabilizar o que está do lado de fora: as pessoas, o trabalho, as relações familiares, as injustiças do mundo... E deixamos de perceber que o que realmente devemos mudar é o nosso estado interno, passando para o estado de não sofrimento.

Ao atingir o estado de graça, percebemos que tudo fica mais leve, como quando alteramos a disposição dos móveis da casa – ainda é a mesma casa, mas tudo parece mais arrumado, organizado e claro. Tudo fica mais iluminado.

Encontrar-se consigo mesmo e aceitar a sua luz e a sua sombra é entrar em estado de não sofrimento. O mundo, a partir desse estado, é repleto de divindade e riquezas. Podemos escolher ver o mundo com os olhos de nossa visão espiritual, e não com os olhos de nossa visão física.

- Em que mundo você vive?
- Em que mundo, a partir de agora, você quer viver?
- Em que mundo você encontrará a sua maior riqueza?

No estado de sofrimento, o que significa para alguém ter um milhão de reais na conta?

DIVINDADE INTERIOR

Muitas vezes, vemos o egoísmo e a insegurança invadirem nosso ser, impedindo-nos de entender o que está acontecendo no mundo. Focamos nossa energia apenas em nossos problemas, nas contas a pagar, no relacionamento que não está indo bem, nos problemas com dinheiro, nas brigas com os familiares, entre outros.

Por que nos cegamos dessa forma para as coisas do mundo e nos voltamos para nós mesmos em um movimento autocentrado? Podemos dizer que calamos nossa divindade interior? Será que um dia ela falou conosco? Será que algum dia nós a ouvimos?

Essa divindade é uma voz interior que nos chama para a ação, que nos impede de correr riscos, que nos abraça e reconforta nos momentos difíceis. Podemos ter os melhores amigos do mundo, mas, se não fizermos dessa voz o nosso refúgio, não seremos nada.

O divino é o amigo supremo, aquele que nos livra dos julgamentos e das condenações. Diante dele, somos perfeitos e podemos demonstrar tudo o que amamos ser, pois é sua forma de mostrar todo o amor, gentileza e generosidade que possui. Ele estende sua mão para ajudar sem nos causar mágoas ou danos. Ele é infinito em amor e bondade, transbordando e nos preenchendo de paz.

O divino é toda a sabedoria do universo, é aquele que está presente em todos os momentos da nossa existência, os bons e os ruins, alegrando-nos e sustentando-nos. Ele pavimenta os caminhos, cuida para que as pedras que nos impedem de avançar sejam transpostas e para que a vida seja vivida com tranquilidade e paz.

A partir do instante em que passamos a cultivar a presença da divindade em nossa vida, ela se torna um guia interno para todos os momentos, dizendo-nos o que é melhor em cada situação, apresentando-nos toda a abundância que a energia universal pode nos oferecer.

Damos voz para que a divindade fale através de nós, por meio da nossa intuição, para percebermos que cada qual carrega em si a soberania universal. Somos nós o corpo que abriga a alma, a expressão singular do que significa a energia infinita.

Contudo, só conseguimos abraçar essa energia e senti-la até o fundo de nossa alma quando olhamos para dentro de nós mesmos. Começamos a enxergar a nossa verdade interna e seguimos o caminho do estado da graça que nos levará à gratidão, à entrega, ao respeito, à alegria, ao amor, à compaixão.

Conectar-se consigo mesmo está relacionado a sair do automatismo da vida e tomar consciência de nossas ações, pensamentos e comportamentos. Elevar-nos a um bem-estar que também inclui o bem-estar do outro nos ajuda, ao mesmo tempo que ajuda os outros.

Nesse estado de beleza interna, todas as nossas ações têm origem direta no coração, a fonte primária da compaixão, do amor e da verdadeira vontade de servir a todos, sem esperar qualquer tipo de retribuição ou troca. Damos sabendo que retornará, e não necessariamente em ações do outro, mas sim pela energia positiva que circula por todo o universo.

Quantas vezes já não desejamos a felicidade e o sucesso? Quando estamos no estado de conexão com o universo, atingimos, ao mesmo tempo, a felicidade e o sucesso. Querer que o próximo seja feliz e brilhe será tão genuíno quanto desejar isso para nós mesmos.

Nesse estado, aceitamos a nossa história tal como ela é, aceitamos o passado, aceitamos quem realmente somos e o que nos tornamos. Honramos e respeitamos a nossa história e percebemos que cada um carrega consigo uma história que também merece ser honrada e respeitada.

Reflita agora: de que maneira você tem calado sua história ou tapado seus ouvidos? Sua consciência ainda é limitada ou você já atingiu a infinitude do universo? Você está pronto para se encontrar com a sua divindade interior?

O universo precisa ser grande, as pessoas que nos cercam precisam ser infinitas em bondade e amor, o ecossistema precisa ser infinito. Deixemos os problemas, os obstáculos, as tristezas, os rancores e as raivas pequenas para que passemos por eles mais facilmente e não deixemos de ver o divino que construiu sua morada dentro de nós.

A DESCOBERTA DO PROPÓSITO

Missão de vida, propósito, chamado... Você já se perguntou qual é o propósito da sua vida? Com frequência, nos pegamos pensando no real motivo da nossa existência. Viver um dia de cada vez é muito pouco, espero que você não se contente com isso. Contentar-se com a ideia de "deixar a vida levar" não é a postura de quem busca riqueza.

Para alguns, o propósito de vida é alcançar sucesso profissional, que pode ser refletido na obtenção do próprio negócio ou ser denominado especialista em algo. Para outros, contribuir para que o mundo seja um lugar melhor é o verdadeiro propósito. Por fim, por que pensamos pouco que a paz de espírito e a sensação de estarmos contribuindo para o mundo seja o objetivo principal?

Contudo, por que sempre relacionamos o propósito a uma área da nossa vida? Por que sempre mantemos desequilibrada a Roda da Vida e colocamos toda a força que temos sobre um único aspecto de nossa existência, negligenciando os demais?

É importante termos em mente, quando falamos de propósito, que ele deve abranger todos os aspectos de nossa vida, e não apenas um ou dois. O propósito permeia tudo o que fazemos, como acordamos, como nos vestimos, como vamos dormir, de que forma nos exercitamos, como conhecemos as pessoas, como lidamos com as situações que se impõem.

Sem propósito, tudo parece correto, porém desbotado. A vida continua seu curso, a Roda da Vida segue girando, mas de forma mecânica e sem motivação.

Claro que podemos viver a rotina sem nos perguntarmos o porquê de vivê-la. Podemos, simplesmente, ir ao trabalho, almoçar, voltar para casa e namorar sem nos questionarmos se o trabalho nos satisfaz, se a nossa comida contribui para a sustentabilidade, se estamos realmente felizes com o(a) atual parceiro(a).

Quando deparamos com perguntas insistentes que partem de dentro de nós e nos fazem buscar o motivo das coisas, como "Por que a rotina é tão dura e cansativa?", Por que quero ter filhos?", "Qual é a perspectiva de vida para os próximos dez anos?", sentimos que nosso ser, nossa alma, anseia por respostas, anseia por significado.

Esse autoquestionamento, essa vontade de nos conhecermos de forma mais profunda e de solucionarmos, com aquilo que temos dentro de nós, as dúvidas quanto à existência nos leva a três perguntas a respeito do propósito da vida:

1. Faz sentido que a vida tenha um significado mais profundo que apenas a mecânica do passar dos dias?

2. Como descobrir nosso propósito de vida, o motivo maior da nossa existência?

3. Como é a nossa vida antes de encontrarmos um propósito e como ela se modifica depois de termos a clareza desse propósito?

Sem o propósito de vida, podemos viver de duas formas: a primeira é em total inércia e desinteresse. Não sentimos entusiasmo por nenhuma área, não sentimos vontade de explorar nossa criatividade, trabalhamos com ansiedade e sob muito estresse. Nesse estado, cresce o medo de não sermos amados e de nos sentirmos um "ninguém" perante nós mesmos e os outros.

A segunda forma de viver sem propósito é buscar sempre a aprovação das outras pessoas em vez de seguir nossa vontade e essência. Internamente, construímos um inimigo, formado por tudo aquilo que não somos e invejamos nos outros, e nos vemos em uma batalha constante.

Sem propósito, vivemos uma vida limitada ao medo da morte, do fracasso, das doenças e da velhice. Reconhecemos nossa história, mas nem sempre a honramos e respeitamos. Ligamo-nos às pessoas, mas adquirimos por elas um sentimento de posse que nos faz ter medo de perdê-las. Entendemo-nos como um ser social inserido em uma comunidade, mas nos esquecemos de todos os outros seres que fazem parte de outras comunidades, religiões e etnias.

Buscamos o dinheiro, e não a prosperidade. Buscamos uma conta bancária volumosa, mesmo que para isso seja necessário enganar pessoas, sonegar impostos e negligenciar até mesmo a própria família.

Não é possível nascer um propósito dentro de um ser desconectado do universo, pois, nessa condição, somos indivíduos com um campo de visão limitado. O encontro com o propósito só acontecerá quando sairmos do espaço que nos separa de todo o restante, quando atravessarmos a fronteira e decidirmos nos conectar com o que está ao nosso redor.

O NOSSO BEM-ESTAR É TÃO IMPORTANTE QUANTO O BEM-ESTAR DO OUTRO.

COMO DESCOBRIMOS O NOSSO PROPÓSITO?

Podemos descobrir o nosso propósito trilhando três caminhos distintos.

O primeiro é por meio de uma **investigação da vida**. Leve sua mente para viajar por toda a sua história, por tudo aquilo que o fascina e o faz feliz e, até mesmo, por aquilo de que você não gosta tanto.

Assim que fizer isso, elabore uma lista com tudo o que faz seus olhos brilharem. Mesmo aquilo que pareça ser apenas um hobby ou uma bobagem, que pareça não gerar renda o suficiente e talvez seja sua última escolha como carreira.

Por fim, nessa mesma lista, encontre o ponto em que você realmente tem as habilidades e os conhecimentos necessários para fazer a diferença. Encontre o lugar em que você se torna uma pessoa realmente especial, por meio do qual você pode deixar sua marca e ser reconhecido. Faça dele o seu verdadeiro propósito, invista tempo, esforço e trabalho para que seu propósito saia do plano da imaginação.

Mas... se a você parece muito mecânico e artificial, podem surgir perguntas como: É possível construir um propósito? Podemos planejar um propósito como planejamos as atividades do mês? É possível decidir por um caminho racionalmente?

São muitas as pessoas que deixaram sua marca com um trabalho em nível mundial, como Nelson Mandela, Martin Luther King Jr. e Rosa Parks. O propósito de vida dessas pessoas impactou de forma definitiva a vida de milhões de pessoas e o destino de nações. Será que seus propósitos de vida foram "escolhidos" ou "decididos" racionalmente?

Todos esses defensores dos Direitos Humanos partiram de um estado de desconexão e expandiram para um estado de conexão. Quando eles atingiram esse estado expandido de conexão, o propósito lhes foi revelado. Revelação, inclusive, é uma palavra talvez não muito adequada, mas diz respeito a algo que não foi racionalmente entendido, a uma verdade que veio à tona de modo não cognitivo, originária de conteúdos não conscientes.

A jornada só se torna possível quando paramos de centrar nossa preocupação em nós mesmos e nos expandimos para um estado de conexão. Essa conexão de que falo é sinônimo de gratidão, compaixão, inclusão e sensibilidade.

A conexão é gratidão quando compreendemos e temos plena consciência de que carregamos toda a história humana dentro de nós, de que somos fruto da relação de inúmeras formas de vida, tanto das pessoas que conhecemos e cujos genes carregamos como de pessoas que nunca teremos a chance de conhecer.

A conexão é também compaixão, pois é perceber como estamos ligados à energia universal, a toda a prosperidade e abundância que existem e que devemos olhar para além de nosso próprio eu, para além do ego, a fim de conseguirmos deixar a alma fluir em consonância com a divindade.

A conexão é inclusão quando aceitamos que não há bem-estar sem que todos tenhamos uma boa qualidade de vida. Dessa forma, o nosso bem-estar é tão importante quanto o bem-estar do outro, seja esse outro a nossa mãe, um irmão ou irmã, o nosso companheiro ou a nossa companheira, um colega de trabalho ou um desconhecido.

A conexão é, por fim, sensibilidade, pois conseguimos perceber, sentir e vivenciar o sentimento do outro, negativo ou positivo, e somos capazes de responder com amor e generosidade.

Ao nos encontrarmos com o nosso verdadeiro propósito, vivenciamos a real beleza da existência. E tudo isso é vivido de dentro para fora, como se algo despertasse em nosso interior ímpetos criativos, ideias, dons artísticos, amor e sentimentos puros em direção à expansão infinita do interior para o exterior.

COMO PASSA A SER A VIDA APÓS DESCOBRIRMOS NOSSO PROPÓSITO?

Convido você a refletir por um momento sobre a sua jornada e pensar em quanta energia você colocou em cada um dos seus passos. Agora, rememorando, você se sente cansado? Sente que gastou muita energia procurando o sentido da sua própria existência?

No momento em que vivenciamos o estado expandido de conexão, todo o esforço acaba, todo o cansaço evapora e todas as lembranças, até mesmo as mais duras, tornam-se leves. Isso porque não há mais busca, não há mais esforços empreendidos para conquistar o que quer que seja, não há energia liberada ou força exercida que nos deixem fracos.

O propósito traz a leveza e espontaneidade desejadas. A vida flui como um rio, sem esforço. Conseguimos perceber todos os elementos universais se desdobrando e se encaixando em perfeita sincronia e harmonia, alinhados com a vontade genuína de nosso coração.

O coração toma a dianteira de nossa vida, desperta para a riqueza universal e, assim, não precisamos mais fugir. Não há mais medo que nos assuste, nem temor que nos paralise, nem receio que nos impeça de seguir em frente. Há apenas o fluxo da vida, as pessoas, as ideias, as coisas, todos dançando o baile universal.

Deixamos de lado as limitações impostas pelo corpo físico, pelas nossas experiências (muitas delas traumáticas), pela nossa história e pela nossa condição, e nos permitimos vivenciar o presente, celebrar a vida que acontece somente neste momento, no aqui e agora.

Alcançamos o verdadeiro objetivo da existência: a plena celebração da vida. E tudo isso ocorre quando mergulhamos no estado de infinita conexão com o universo.

Agora, é dado o momento de você refletir sobre como está sua busca por um propósito. Você se sente cansado a cada passo de sua jornada? Você está disposto a deixar o universo fluir? A atingir o estado de conexão infinita?

Somos seres espirituais que habitam um corpo físico; o que verdadeiramente somos, em nossa essência, é a nossa alma, que é maior que a matéria e é eterna. Ela vive dentro de nosso corpo e, desse modo, precisa dele, mas é dele separada porque, diferentemente de nosso corpo, a alma nunca acaba. Para sua proteção, ela criou o ego, que tem por função proteger o corpo físico.

Quando vivemos de acordo com os desígnios da alma, vivemos pelo nosso verdadeiro propósito, vivemos para atender aos desejos da alma, que são eternos. Quando não o fazemos, queremos somente atender a necessidades imediatas e superficiais, como a perda de prestígio e poder, e só desejamos adquirir mais e mais riquezas materiais.

Não podemos evitar o mundo real e as pessoas que fazem parte dele, mesmo que elas nem sempre despertem o nosso melhor lado. É precisamente aí, nas situações em que estamos mais expostos às dificuldades, que estamos também mais abertos a exercitar nossas virtudes.

Se o seu desejo é ser uma pessoa mais paciente, só poderá realizá-lo quando tiver que encarar pessoas e contextos que tirem você do sério. Se quer e precisa ser menos ganancioso e aprender a ser mais generoso com aqueles que necessitam de mais, terá que encarar essa pobreza material e aprender a se desvencilhar da vontade de acumular mais em prol de algo maior, de quem realmente precisa.

Vivemos no mundo material, e, mesmo que certas situações ou pessoas tenham lhe causado dor e sofrimento no passado, a melhor maneira de responder a tudo isso é com amor e compaixão, de modo a verdadeiramente servir a humanidade e buscar riquezas dentro de um padrão de prosperidade.

Isso é de fato muito difícil, um desafio diário de amor. Quando agradecemos ao universo por tudo o que nos deu, nos enchemos de gratidão e desejamos retribuir. Isso também faz parte do nosso crescimento espiritual e da aproximação com o divino. Quando estamos expostos às dificuldades, podemos mostrar o nosso melhor lado.

4

PROSPERIDADE E RIQUEZAS MÚLTIPLAS

O que faz você desejar a riqueza? O que significa, para você, ser um milionário? Na sua cabeça, o que os milionários fazem?

Essas perguntas devem estar acompanhando sua leitura desde a introdução deste livro. Se o leu até aqui, já ressignificou muito do que acreditava ser sinônimo de riqueza.

Se algum dia você já se sentiu perdido, confuso, com um turbilhão de problemas para resolver e acreditou que, se tivesse muito dinheiro, tudo estaria resolvido, quero avisar que você estava enganado. Dinheiro não diminui os problemas.

Muitas vezes ele acaba multiplicando os problemas que já existiam. É por isso que não adianta correr atrás da riqueza se você não estiver preparado para recebê-la e distribuí-la. Essa é a diferença, de que já tratamos, entre ganhar dinheiro e gerar riqueza.

O que quero compartilhar neste capítulo é que a conexão com a nossa alma, essência, expansão de consciência, ou o nome que faça mais sentido para você, é um caminho para a prosperidade – as pessoas só são prósperas, para mim, quando alcançam um mindset milionário baseado na evolução pessoal.

Prosperidade é um fato – ou somos prósperos, ou não somos. Mas a riqueza como fruto da prosperidade é uma percepção. Você deve saber que tudo no mundo é uma percepção.

É interessante como todo processo de mudança de mindset produz uma mudança física. A mudança é física porque envolve um processo neurobiológico. Assim, quando ela começa, o corpo reconhece a mudança e, a partir de então, a percepção muda. Toda expansão de consciência acontece da mesma forma: a consciência se expande, o cérebro se modifica e tudo fica maior, mais intenso, mais ilimitado, e o corpo responde com mais energia e capacidade de ação.

Começamos a identificar de que modo os sentimentos positivos se agigantam dentro de nós, como a harmonia interior e o estado de calma se tornam constantes, sendo os responsáveis pelas decisões que tomamos.

Paramos de viajar mentalmente no tempo e focamos apenas no instante em que as coisas acontecem: o momento presente. É no aqui e agora que escolhemos os caminhos, que amamos, que geramos e compartilhamos a vida, que conseguimos crescer e prosperar. Viver o presente é a solução para o fim da angústia e da ansiedade. O passado fica no momento em que deve ficar e o futuro, numa ilusão sem imagens mentais.

Nenhuma busca é tão importante quanto a busca pela Divindade Interior. Ao atingi-la, estaremos diante da Divindade Universal.

Esse é o pensamento que todos devemos ter a partir deste momento, pois o sucesso profissional, a constituição de uma família, a obtenção de bens materiais não são nada em si mesmos, não preenchem vazios invisíveis, porém penosos. Tornam-se jornadas sem destino, como se você pegasse um carro, soubesse dirigir, mas não soubesse para onde ir.

O que preenche tais vazios, o que nos dá fome de vida, é atingir a cura pessoal, que leva à cura de toda a humanidade e ao caminho da iluminação.

MENTE DO EGO E MENTE DA ALMA

É comum pensarmos, criarmos, refletirmos, calcularmos prós e contras o tempo todo, mas, quando esses pensamentos são mais dispensáveis e inúteis do que válidos, estamos acumulando dentro de nós o que chamamos de sobrepeso mental.

Ele provoca cansaço, pois é uma montanha de pensamentos que não contribuem para nosso progresso, apenas estão lá para nos fazer estagnar ou até mesmo regredir na evolução da vida. A mente repete ininterruptamente lembranças do passado, que já não pode mais ser mudado, ou nos inunda com imagens de um futuro formado por expectativas, medos, preocupações e inseguranças. Além disso, nossa mente cria mundos paralelos, ilusões e novas realidades, truques para impedir uma vida no agora, no presente.

Claro que nem sempre estamos carregando lembranças ou ilusões desagradáveis. Há momentos em que lembramos da viagem de Ano-Novo, do nascimento de um filho, dos primeiros dias na faculdade, mas isso também é uma forma de a mente se refugiar, evitar o momento em que estamos vivos, o que também é uma forma de se afastar de todas as dificuldades e complicações do momento.

Viver no passado ou no futuro, recordando momentos ou esperando uma felicidade que, aparentemente, não está no presente, é obra da mente do ego.

A mente do ego trabalha 24 horas por dia, 7 dias por semana, a fim de controlar tudo, pois essa é a sua forma de sentir-se confortável e livre de inseguranças e medos para ter tudo do seu jeito. Para a sobrevivência.

Estar sob o comando do ego é ser carente, voltado apenas para as próprias necessidades, sem se importar com aqueles que compartilham a mesma jornada. E, quando sente insatisfação, sente que as necessidades não estão sendo supridas, os pensamentos se tornam ainda mais torturantes e desgastantes.

Uma vida que coloca o ego na frente de tudo é uma vida que nunca estará satisfeita consigo mesma, sempre achando que a grama do jardim do vizinho é mais verde. É uma vida que sempre vai se comparar com a dos outros, deixando de olhar a própria essência falha e perfeita do ser humano, todas as qualidades e pontos de melhoria que compõem quem realmente somos.

A mente do ego sempre está olhando para o passado, remoendo sentimentos e lembranças dolorosas, ou olhando para o futuro, pensando em como a felicidade está distante e como os objetivos estão longe de ser alcançados. No presente, ela age apenas para julgamentos e críticas, deixa de perceber como todos nós somos únicos e temos as mesmas oportunidades de aprendizado e evolução.

Quando o ego está pilotando nossa vida, estamos desconectados do universo, mergulhados na consciência do eu. Nesse estado, o passado e o futuro se tornam o presente, e deixamos de viver o tempo que realmente existe, vemos apenas os nossos problemas e não agradecemos pela abundância e a prosperidade presentes no mundo.

No momento em que expandimos em direção à consciência da unidade, a mente do ego se torna menos controladora e passamos a colocar o coração, o amor e a mente da alma para pilotarem a nossa vida.

Começamos a perceber como o universo tem recursos suficientes para todos, como podemos viver bem sem que o outro viva mal e como aceitamos quem somos, nossa essência mais profunda, nossa verdade interna, nossa luz e sombra, nossa dualidade que tanto nos acompanha e nos ensina.

Nesse comando da alma, observamos o ego sem nos abalar, sem deixar que ele tome conta, entendemos quando ele tenta nos levar para memórias do passado ou para esperar demais do futuro, mas logo nos colocamos de corpo e alma no tempo presente.

A mente da alma é responsável pelo renascimento de uma vida criativa, pulsante e vibrante, aberta para as incontáveis possibilidades que existem, ampliando o campo de visão, que se torna ilimitado e infinito.

A mente da alma fala sem machucar o outro ou a si mesma, pensa sem tornar cada reflexão uma dor e age sempre levando em conta um bem coletivo e universal. Sob a mente da alma, nos damos conta de toda a bondade, divindade, abundância e prosperidade que há no universo.

Mas, entenda: a mente do ego é uma criação da mente da alma. A principal função da mente do ego é preservar o corpo, por isso o medo, a precaução, o óbvio, a superficialidade, a falsa ideia de segurança e estabilidade. A alma criou o ego para que vivamos o máximo possível no mundo material, para assim permitir que a alma tenha essa experiência terrena e a oportunidade de nos levar a outro nível.

Quando fazemos esse paralelo entre a mente do ego e a mente da alma, será que conseguimos perceber quem está no comando de nossa vida? Você consegue perceber a partir de que consciência está observando o mundo e o seu mundo? Seus pensamentos e ações estão em que tempo: passado, presente ou futuro? A mente que pilota sua vida é a do ego ou a da alma?

SER PRÓSPERO

Quando falamos em abundância, nos referimos a uma situação de fartura, de grande opulência, de algo que se tem em grande quantidade. A abundância influencia desde o material até o abstrato, como os afetos.

Há uma ligação estreita entre nosso propósito de vida, nosso senso de significado, a construção de um legado e a atração da abundância e da prosperidade, que fluem como um rio que não encontra pedras no caminho, de forma ilimitada e infinita.

É importante salientar que a abundância rege o universo, pois ele possui recursos suficientes para suprir todas as necessidades humanas. Sendo assim, podemos considerá-lo um lugar abundante, onde há oferta de generosidade, amor, felicidade, coisas materiais e prosperidade para cada ser existente.

Quando percebemos o mundo por meio dos sentidos, conseguimos sentir a abundância que há nele. Isso acontece quando mudamos nosso mindset a fim de valorizar e agradecer pelo que temos, deixando de lado o foco no que nos falta. Ao percebermos o quanto somos abençoados por tudo o que temos, deixamos de dar importância àquilo que não temos.

É como o palco em que um ator encena um monólogo. Se o foco de luz for direcionado para os espaços vazios, veremos apenas o que não existe, o que não está presente. Porém, a perspectiva de mundo muda quando o foco de luz é direcionado para o ator, o único em cena. Nesse instante, o mundo se preenche de vida. Para onde você tem direcionado seu foco?

A prosperidade funciona da mesma forma que a abundância, sendo geralmente relacionada ao dinheiro. É comum encontrarmos pessoas que possuem um estado espiritual contínuo de prosperidade, mas que não possuem riqueza monetária. A prosperidade está ligada a um estado de merecimento: quando temos equilíbrio emocional, nós nos sentimos bem-sucedidos, realizados, plenos. Ela representa mais um estado de espírito do que um estado físico, material.

É por isso que os conceitos de abundância e prosperidade, juntamente com o de riqueza, definem a relação que temos com as leis mentais e espirituais, não somente quanto à forma como estamos ligados ao universo físico, material e tangível. Ser próspero é conectar-se com um caminho de abundância.

O movimento que traz prosperidade e abundância à vida é sempre contínuo e recíproco, de dar e receber. O ato de dar corresponde à capacidade que temos de nos conectar uns aos outros, doar, servir, desapegar, cocriar, ensinar, disponibilizar-se. As ações estão ligadas tanto ao nível material da vida como ao nível transcendental. Neste último nível, das energias e da alma, podemos dizer que dar é a manifestação da divindade no homem.

O ato de receber nos conecta à nossa habilidade de produzir estados internos de aceitação e merecimento, de estar receptivo a todas as energias que circulam pelo universo, de honrar e respeitar a nossa história, a história da nossa família e de todos à nossa volta. Quando aceitamos receber, estamos de braços abertos e olhos fechados, esperando aquilo que o universo tem para nos oferecer sem temor, pois o que pode vir do universo será positivo, assim como a nossa percepção.

OS 4 CICLOS DA PROSPERIDADE

Uma forma de experimentarmos uma vida plena em propósito e sentirmos a prosperidade é incorporarmos os 4 Ciclos da Prosperidade em nossa vida. São eles:

1. Autoconhecimento.
2. Planejamento.
3. Ação.
4. Gratidão.

QUANTO MAIOR FOR A
SUA DISPOSIÇÃO
PARA AJUDAR
OUTRAS PESSOAS A
ATINGIR O SUCESSO,
MAIS ESTARÁ
ATRAINDO A RIQUEZA
PARA VOCÊ.

1. Autoconhecimento (autoaceitação, autorrealização, auto-cura e equilíbrio)

O autoconhecimento é o princípio de tudo, pois é preciso, primeiro, conhecer-se, entender-se e aceitar-se para então fazer as perguntas certas, entender seus pensamentos e racionalizar os sentimentos e as emoções.

Autoaceitação é entender que você é um ser único em sua essência, com a história que você carrega, com as suas qualidades e os pontos que podem ser aperfeiçoados. Só você pode honrar e respeitar a sua história, ninguém mais pode fazer isso por você. Ao se aceitar e se conhecer, você percebe o que considera verdadeiramente importante, quais são seus sonhos e o que o torna verdadeiramente realizado e bem-sucedido, pois realização e sucesso são conceitos particulares e que variam de pessoa para pessoa.

O entendimento de seu verdadeiro "Eu" e de qual é o seu propósito nesta vida é o início do movimento que leva à autocura, ao reconhecimento do próprio merecimento e ao equilíbrio. Quanto mais eu me conheço, mais eu me curo, mais eu me empodero e sou capaz de gerar resultados extraordinários.

2. Planejamento

Tendo em mente que você é merecedor de tudo o que a realização de seus sonhos e objetivos pode proporcionar, é necessário agir. A ação vem sempre depois do planejamento, da externalização e da solicitação, pois prosperar exige foco, atenção e determinação.

É essencial exteriorizar seus reais objetivos. Ao fazer isso, você entende verdadeiramente qual é o seu propósito e pelo que deve lutar. Como apenas o primeiro passo pode levar ao segundo, e assim sucessivamente, é preciso estabelecer metas e regras que o levarão ao encontro de seus objetivos.

A realização de seus sonhos, às vezes, requer um prazo maior do que o esperado, sendo necessário esperar meses, anos ou décadas. Outras vezes, e dependendo do quanto esses sonhos são importantes para você, eles podem ser realizados a curto prazo, contudo será necessário um esforço maior.

Não importa o tamanho do seu sonho: o que importa é quanto esforço você está disposto a fazer para alcançá-lo. Para facilitar essa realização, é indispensável planejar-se e preparar-se (consciente e inconscientemente). Se fizer alguma coisa hoje para avançar em direção aos seus sonhos, você terá mais chances de realizá-los do que se não fizer nada. Por isso, planejamento e foco são importantes.

3. Ação

A primeira atitude que você pode tomar para trilhar o caminho que o levará à realização de seus sonhos é a TBC (Tire a Bunda da Cadeira). A ação é energia focada em direção ao estado desejado, em direção ao movimento.

Nunca se esqueça de que toda oportunidade no mundo está escondida no caminho da ação, do movimento e do trabalho. Eles são necessários para executar o planejado e realizar o imaginado, senão o resultado não virá. Sabemos que nem sempre é fácil. Sair da zona de conforto exige eliminar as crenças limitantes que aparecem no meio da jornada. Apenas estando livre delas é que se chega ao estado desejado.

Para que a ação aconteça de acordo com o planejado, é importante conduzir-se mentalmente em direção ao que se deseja, isto é, reprogramar o mindset para as mudanças que virão pela frente. Uma mente positiva acredita que tudo o que está por vir será positivo, não importa o que seja, e que tudo que aparece em nossa vida é para nos fazer crescer e sempre avançar.

4. Gratidão (servir, agradecer e perdoar)

Conforme mencionado anteriormente, o movimento da prosperidade é um movimento recíproco, ou seja, ele vai e vem; você precisa dar para receber. O quarto ponto do ciclo da prosperidade contém a gratidão, a servidão e o perdão. Essas três atitudes são a resposta que você deve dar a todas as dádivas e aprendizados que o universo lhe proporcionou.

Existe um poder extraordinário ao agradecer, ao servir e ao perdoar. Esses movimentos abrem e mantêm portas abertas, conduzem a novas oportunidades e possibilitam viver novas experiências.

Em outras palavras, quando dá ao mundo energia positiva, você atrai para si energia da mesma qualidade.

Agora que você já sabe quem é, que sabe o que quer, já se moveu em direção aos seus sonhos, conquistou tudo o que planejou e se propôs a realizar, é hora de agradecer por seus sucessos e fracassos, devolvendo ao mundo o que você ganhou. Também pode agradecer pelos fracassos e erros cometidos, pois foi apenas por meio deles que você teve a oportunidade de aprender, crescer e evoluir. Aprender com os erros cometidos também é ser próspero.

A prosperidade caminha pelas emoções equilibradas, bem resolvidas. Se a raiva, o rancor, a inveja, a ingratidão e a autossabotagem predominam, os caminhos serão limitados, sua percepção de mundo enxergará apenas a parte que lhe falta, deixando de lado a que está abundante e impedindo que a prosperidade aconteça na sua vida.

Wallace Wattles, autor de *A ciência de ficar rico*, acredita que este último ponto é a chave para uma vida repleta de prosperidade e riqueza.

Para Wattles, quando estabelecemos uma atitude de gratidão em nossa vida, criamos uma conexão com a mente divina, colocando-nos ao alcance da inteligência infinita do universo. A gratidão é a maneira de subir degraus que nunca antes pensamos em alcançar.

Agradecer deve se tornar um hábito para que seja genuinamente natural, emanando energia positiva por todo o seu corpo e dos que estão à sua volta. É importante que o agradecimento seja a primeira coisa feita ao acordar e a última antes de cair no sono.

A gratidão se manifesta mais facilmente quando passamos por uma fase positiva, mas também deve estar presente nos momentos em que parece que estamos recebendo somente coisas negativas. Por exemplo: há momentos em que sentimos a falta de um relacionamento amoroso e encaramos estar solteiro como uma fase negativa. No entanto isso não deve nos impedir de perceber o lado positivo e as pessoas que já estão ao nosso lado, os laços estreitados com amigos e familiares.

Por isso é necessário agradecer, mesmo se estivermos passando por uma fase difícil, porque a energia positiva sobrepõe os pensamentos negativos, e o mindset percebe o mundo como um lugar cheio de amor e acolhimento em todas as suas relações.

Wallace Wattles finaliza seu livro relatando um pouco sobre a fé e sua importância para trilharmos o caminho da prosperidade. A espiritualidade é essencial, pois, por meio dela, entendemos que o universo, Deus, uma força maior, quer que sejamos prósperos (se minhas palavras não fizerem sentido para você, quando falo de Deus, fique à vontade para mudá-las). Essa compreensão faz com que tenhamos a esperança de que, por mais que a realização dos objetivos demore, um dia eles se tornarão realidade.

Ao afirmarmos, sem hesitações, que somos prósperos, mostramos ao mundo que é possível ter independência financeira, ajudar aqueles que mais precisam e ainda ser espiritualmente abundante.

Quando o assunto é ser independente financeiramente, caímos sempre no conceito da quantidade de dinheiro que temos ou ganhamos. Contudo, essa independência tão almejada não é conquistada apenas com uma promoção ou uma herança, e sim quando passamos a ter uma relação positiva com o dinheiro.

Já parou para pensar em como é sua relação com o dinheiro? Você gasta demais ou de menos? Está sempre no vermelho, usando o limite do cheque especial, ou é aquela pessoa que desmarca encontros porque está sem dinheiro? Você tem medo e nem gosta de falar sobre dinheiro?

Se respondeu "sim" para a maioria dessas questões, é porque você não tem uma relação muito saudável com o dinheiro.

Se gastamos bastante dinheiro, deixando a conta sempre no vermelho, precisamos pensar com o que estamos gastando, se são gastos necessários, que envolvem realização pessoal, como uma mensalidade de faculdade, ou se são gastos supérfluos.

Contudo, não gastar nunca também é um sinal de mau uso do dinheiro. A economia passa a ser negativa quando ficamos indecisos quanto a gastos realmente importantes e que poderiam nos fazer crescer.

Conforme já relatado nesta obra, quando tratamos da abundância, colocar como meta de vida "ganhar dinheiro" é uma atividade não iluminada, porque ela deve ser consequência de um propósito maior.

NÃO IMPORTA O TAMANHO DO SEU SONHO: O QUE IMPORTA É QUANTO ESFORÇO VOCÊ ESTÁ DISPOSTO A FAZER PARA ALCANÇÁ-LO.

Sendo assim, acreditar que o dinheiro é a solução para todos os nossos problemas nos fará persegui-lo como se não pudéssemos ser felizes de outra forma. No entanto, ele não compra o amor dos familiares, a paz espiritual, e muito menos o equilíbrio para tomar as decisões corretas. O dinheiro é apenas uma ferramenta, e precisamos saber usá-la da melhor maneira para atingirmos objetivos maiores, mais nobres.

O medo de ganhar dinheiro também pode ser um problema, porque provoca acomodação e limita os caminhos. Não abrir o próprio negócio por receio de não conseguir recuperar o dinheiro ou não concorrer a uma vaga de emprego com um salário maior por medo de não saber lidar com as responsabilidades é deixar o medo do futuro tomar conta do seu presente, é deixar o dinheiro ter o controle. Como afirmou o filósofo irlandês Edmund Burke, "se controlarmos a nossa riqueza, seremos ricos e livres. Se deixarmos a riqueza nos controlar, seremos, certamente, pobres".

A relação que temos com o dinheiro pode melhorar se seguirmos os 7 passos estabelecidos por Cândido e Gimenes no livro *Conexão com a prosperidade*:

1. Superar injustiças e crenças limitantes.
2. Criar palavras de ordem: organização e metas.
3. Vencer a solidão.
4. Expressar gratidão pelas contas.
5. Aprender que você não é seu dinheiro.
6. Doar-se.
7. Combinar o dinheiro a outras áreas da vida.

1. Superar injustiças e crenças limitantes: quando acreditamos que somos vítimas de uma injustiça ou repetimos sempre frases que crescemos ouvindo, nós limitamos o campo energético ao nosso redor, transformando potência positiva em caminhos bloqueados rumo à prosperidade. A vitimização ou a reprodução do mesmo pensamento de nossos pais não nos ajuda a melhorar a maneira como lidamos com o dinheiro e nos afasta de uma boa relação com ele.

2. Criar palavras de ordem: organização e metas: as palavras que devemos ter em mente são: "organização" e "meta". A organização das finanças é primordial para que o dinheiro se torne uma ferramenta de longo prazo. Além disso, é necessário visualizar um estado desejado, trazer o futuro para o presente. Isso transforma as energias, impulsiona o planejamento e faz com que você sinta na pele a realização de um sonho.

3. Vencer a solidão: sentimos essa solidão quando sentimos a ausência de propósito e, muitas vezes, tentamos suplantar essa ausência com compras desnecessárias e a satisfação de vícios. É importante lembrar que a prosperidade é um estado de espírito que nasce de dentro para fora. Dessa forma, a utilização do dinheiro de maneira desordenada e supérflua pode trazer prazeres a curto prazo, mas não o bem-estar da alma.

4. Expressar gratidão pelas contas: as palavras têm um poder infinito. Então, quando maldizemos as contas que temos para pagar, estamos nos cercando de energia negativa, o que só aumenta o peso das obrigações. Temos de ser gratos pelos serviços básicos pelos quais podemos pagar. Agradecer é fundamental para atrairmos abundância e prosperidade.

5. Aprender que você não é seu dinheiro: qual é a sua essência? Quem você é verdadeiramente? O dinheiro está mais para seu amigo ou inimigo? Nesse ponto, o importante é resgatar dentro de si quem você é verdadeiramente. Quando percebemos isso, entendemos que o dinheiro apenas nos ajuda a conquistar, a comprar, a ter, contudo não é nada quando o assunto é ser. Ser está longe do ter quando o assunto são as posses, as coisas materiais. O dinheiro não é complemento da sua alma.

6. Doar-se: lembra-se de quando mencionei anteriormente que a prosperidade é um movimento recíproco? Então, é preciso doar para poder receber em troca. Quando doamos, seja tempo, carinho, amor, dinheiro, paciência ou alguma habilidade, estamos mantendo o fluxo da energia e da prosperidade aberto.

7. Combinar o dinheiro a outras áreas da vida: a prosperidade financeira deve ser combinada à prosperidade em todas as áreas da vida, como a pessoal e a profissional. O dinheiro, portanto, não pode ser algo à parte. As conquistas pessoais, profissionais e o dinheiro estão diretamente ligados.

Trilhar o caminho da prosperidade significa ter sucesso na vida pessoal, emocional, profissional, intelectual e espiritual. A partir do momento em que nos abrimos para o mundo infinito em suas possibilidades, fazemos a energia da Abundância, da Prosperidade e da Riqueza fluir em nossa vida.

> Se encararmos o mundo sempre como um copo meio vazio, repleto de escassez e de falta de oportunidade, nós nos veremos diante de oportunidades também limitadas.

ABUNDÂNCIA: GANHAR DINHEIRO OU GERAR RIQUEZA?

Formação acadêmica, títulos, carreira e perfil empreendedor são importantes, mas não são o suficiente para alcançar riqueza e prosperidade. Quando falamos de uma mente milionária, estamos falando de uma metáfora de riqueza. Sendo metáfora, ela terá um jeito próprio de fazer sentido para você assim como tem para mim e para cada indivíduo.

Volume de dinheiro pode passar da riqueza à avareza. Bastante dinheiro pode ser sinônimo de um tipo muito raso de riqueza, e não de uma riqueza que seja sinônimo de bem-estar e de felicidade – essa é a diferença entre uma pessoa rica e uma pessoa próspera.

Muito dinheiro, para uma mente focada no ego, na individualidade e na avareza, jamais será sinônimo de prosperidade.

Uma mente milionária e próspera deve compreender não apenas as leis que regem o universo físico e material, mas também as leis dos universos mental e espiritual. O desconhecimento dessas leis gera bloqueios que você poderá encontrar ao longo de sua jornada rumo à abundância.

Uma das leis que regem os universos mental e espiritual é a que chamamos de "lei da percepção correta". Ela está relacionada à forma como percebemos o mundo à nossa volta, e é essa percepção que formará nosso próprio universo. Quando percebemos o universo como um sistema mecânico, sem vida, limitado e finito, nosso universo será da mesma forma. Contudo, quando percebemos o mundo como possibilidades, como algo pulsante, vivo, ilimitado e infinito, nosso universo assim será.

De um lado, temos um mundo repleto de obstáculos. De outro, temos um mundo repleto de possibilidades. Qual das duas direções você escolhe? Em qual das duas direções você acredita que está a vida próspera?

Esse universo ilimitado é consciência, assim como tudo o que existe. E a consciência é senciente, ou seja, tem a plena capacidade de sentir. Todos nós percebemos o mundo por meio dos sentidos, isso é ser senciente.

Dessa forma, se percebemos o mundo como um copo meio vazio, repleto de escassez e de falta de oportunidade, nós nos veremos diante de oportunidades limitadas. Em contrapartida, a vida próspera é atingida pela percepção do copo meio cheio, quando sentimos e nos permitimos vivenciar o mundo extraordinário.

Como exemplo, temos a história de um homem simples e seu filho. Esse homem vendia hambúrgueres e seu negócio ia muito bem, até o dia em que seu filho lhe explicou sobre a recessão econômica. A partir desse momento, o homem, que já contava com certo sucesso, com uma rede de lanchonetes, preocupou-se com a forma como aquela recessão poderia afetar seu negócio e ficou com medo. Como resposta, ele emitiu ordem para reduzir os custos, o que diminuiu também a qualidade de seus produtos. Como consequência dessa redução, seu negócio, que um dia foi grande, voltou a ser pequeno, como no início.

Qual lição podemos tirar da história desse homem e de seu filho? O medo de uma crise econômica, que sequer havia chegado, melhorou ou piorou sua vida?

Cheryl Strayed, em sua autobiografia *Livre*, conta sobre a viagem que fez pelo oeste dos Estados Unidos para conseguir superar a morte da mãe. Ela relata como superou o medo que a acometia quando pensava que estaria sozinha na viagem: "O medo, de certa forma, nasce da história que contamos a nós mesmos, portanto escolhi contar uma história diferente da história a que as mulheres estão acostumadas. Decidi que estava segura. Que era corajosa. Que nada podia me vencer" (STRAYED, 2013, p. 67).

Assim Cheryl mudou sua percepção de mundo, deixando de lado tudo o que tinha aprendido desde pequena sobre a violência sofrida pelas mulheres e vendo o mundo como receptivo e acolhedor, não de uma forma utópica, mas por um novo prisma.

Claro que não estou sugerindo ignorar o mundo à nossa volta, que devemos nos fechar às notícias e a tudo que acontece. Pelo contrário, é um convite a nos abrirmos àquilo que acrescenta e contribui para a nossa evolução como seres humanos.

Acredite: nós somos a consequência da qualidade do que pensamos e sentimos – e, por conseguinte, do que fazemos.

Sabendo disso, convido você a refletir por um momento: como você tem percebido o mundo? O que significa vida para você? Ela é uma rotina ou uma montanha-russa? Ela é uma bênção pela qual você é grato? Qual é a sua percepção de riqueza? Como você lida com ela?

Essas duas últimas questões são primordiais quando se trata de criarmos abundância. Existe uma grande diferença entre *ganhar dinheiro* e *gerar riqueza*.

Quando o objetivo de nossa vida é *ganhar dinheiro*, estamos buscando uma atividade não iluminada, pois o dinheiro deve ser uma consequência, não o estado desejado.

Todas as empresas e os empresários devem ter por objetivo fazer a diferença no mundo e não apenas o desejo de lucrar. No entanto, quando nosso objetivo é gerar riqueza, estamos diante de um estado espiritual desejado, porque riqueza não tem relação só com dinheiro, mas também com a habilidade de reconhecer realmente o valor das pessoas e das coisas.

Ao focarmos nosso objetivo de vida na criação de riqueza e o fazermos com inteligência e integralidade, atraímos o dinheiro automaticamente. Sendo assim, para que a abundância e a prosperidade entrem em nossa vida, devemos compreender que o dinheiro deve ser uma consequência da riqueza, não o objetivo central.

A geração de riqueza está diretamente ligada a um propósito de vida, a sentir que estamos expandindo a nossa perspectiva de mundo para uma visão mais universal e mudando a realidade que vivemos e de todos que estão ao nosso redor.

Ganhar dinheiro está para o trabalho assim como geração de riqueza está para carreira, e você sabe que trabalhar é sofrimento; trata-se apenas de ganhar o dinheiro para pagar as contas do mês. Carreira é propósito, é sonho, é estado desejado. Trabalho é superficial, carreira é senso de propósito, é significado de vida.

Ter um propósito é entender que tudo o que fizermos por nós influenciará a vida de todo mundo, que o nosso crescimento é também o crescimento e engrandecimento da humanidade. A abundância e a prosperidade serão consequências naturais de uma vida que tem por intuito impactar o mundo e não apenas viver nele.

Nesse sentido, de que modo podemos expandir a nossa percepção e transformar nosso universo limitado em um universo ilimitado que nos traga abundância e prosperidade?

Podemos aprender com Harv Eker, autor do livro *Os segredos da mente milionária*, que a percepção de um mundo cheio de bloqueios tem base em crenças limitantes. Elas são alimentadas desde a infância e aprendidas como verdades. As ditas "verdades absolutas" são diariamente influenciadas por três fatores principais:

1. Nossa programação verbal.
2. Os exemplos que recebemos em vida.
3. As experiências pelas quais passamos.

A **programação verbal** relaciona-se a tudo o que ouvimos dos nossos pais. Inconscientemente, nós carregamos essas crenças limitantes para a vida adulta e isso impacta qualquer âmbito da nossa existência, inclusive a vida financeira e a geração de riquezas, pois repetimos os mesmos pensamentos, comportamentos e até mesmo as frases dos nossos pais, parentes ou avós. É como uma repetição de padrão no qual fundamentamos a nossa percepção de mundo.

Os **exemplos**, o que vemos os outros fazendo, são essenciais para nos inspirar e nos ajudar a evoluir ou para nos limitar. Pense um pouco sobre a sua família: eles lidavam bem com o dinheiro? Sempre reclamavam sobre a falta de sucesso? O dinheiro era fonte de felicidade ou de preocupação?

Esses exemplos influenciam muito a forma como nos relacionamos com a prosperidade, o dinheiro e o sucesso. Exemplos positivos geram comportamentos, decisões e ações positivos, já exemplos negativos alicerçam sua percepção sobre a riqueza em emoções negativas.

Por fim, **nossas experiências de vida** complementam a programação mental, pois quando, por exemplo, passamos por traumas relacionados ao dinheiro (perda de patrimônio, mudança de *status* financeiro, dificuldades, separação dos pais em decorrência de problemas financeiros), acabamos fortalecendo crenças limitadoras e passamos a ter dificuldades para lidar com ele.

Por isso, para termos pensamentos de riqueza, comportamentos condizentes com a prosperidade na vida pessoal e profissional, precisamos, urgentemente, mudar o nosso mindset financeiro, ou seja, a nossa percepção.

Há 4 passos que podemos seguir para reprogramar a nossa mente e começar a perceber o mundo pleno em suas possibilidades:

1. Encontrar a origem das crenças limitantes.
2. Compreender as crenças limitantes.
3. Libertar-se da percepção de um mundo limitado.
4. Ressignificar as crenças.

1. Encontrar a origem das crenças limitantes: identifique a origem de sua percepção limitada do universo e de suas crenças limitantes. Aceite que elas, mesmo que de forma inconsciente, afetam diretamente os seus comportamentos e boicotam os seus resultados.

2. Compreender as crenças limitantes: entenda que essa percepção é fruto dos três fatores limitantes principais - programação verbal, exemplos e experiências de vida. Não se culpe pelas crenças limitantes passadas pelos seus criadores.

3. Libertar-se da percepção de um mundo limitado: liberte-se das crenças negativas que limitam a sua percepção. Estabeleça uma separação entre a imagem de seus pais e a sua própria imagem, pois os hábitos, as ideias e os resultados deles em relação ao dinheiro não são, e não serão, os mesmos que o seu.

4. Ressignificar as crenças: ressignifique a percepção de mundo limitado, pois, quando ressignifica as crenças negativas com as quais construiu seu mundo, você o transforma em algo positivo. Trata-se de reprogramar a mente de forma positiva. Permita-se aprender com os erros, tirar algo de bom das suas experiências de vida e ousar fazer diferente.

Falaremos mais das crenças sobre dinheiro adiante. Você compreenderá perfeitamente as crenças cristalizadas em seu padrão mental e como deve alterá-las.

A RODA DA ABUNDÂNCIA

Quando realizamos essa reprogramação mental, conseguimos mudar a forma como percebemos o universo. Essa nova percepção, fundamentada nas leis mentais e espirituais, nos auxiliará no processo de mudar o rumo de nossa história, trazendo riqueza, abundância e iluminação para o lugar no qual antes só existiam trevas, escassez e dificuldades.

A conquista de um verdadeiro Ciclo de Abundância, Riqueza e Prosperidade está ligada diretamente à incorporação de novas crenças, atitudes e comportamentos financeiros diferenciados e assertivos.

Para que possamos atingir nossos objetivos e incorporar Abundância em nossa vida, podemos usar como ferramenta a Roda da Abundância. Ela foi pensada para que consigamos ver o lado bom da vida e deixemos de ver o mundo sem cores.

GANHAR DINHEIRO ESTÁ PARA O TRABALHO ASSIM COMO A GERAÇÃO DE RIQUEZA ESTÁ PARA A CARREIRA.

A Roda da Abundância é composta por quatro verbos: declarar, solicitar, arriscar e agradecer.

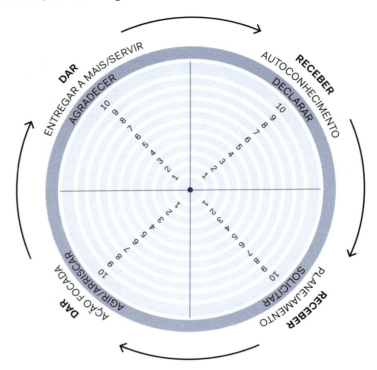

Fonte: Instituto Brasileiro de Coaching | Editora IBC.

- **Declarar:** nessa parte, você refletirá sobre o seu estado atual, sobre o que você representa, qual é sua essência e qual é o seu propósito. Nesse momento, você pensará em todas as suas características, suas qualidades e seus pontos de melhoria. Isso mostrará que você se conhece verdadeiramente. Representa nossa criança e nosso visionário, aquele que vislumbra várias possibilidades com a pureza de uma criança.
- **Solicitar:** quando chegar à segunda parte da roda, você reservará um momento para refletir a respeito do seu

objetivo. Qual é o seu estado desejado? O que deseja realizar? Qual é o primeiro passo a ser dado? É importante ter um propósito concreto, pois somos movidos por ele a cada novo dia. Além disso, não se sinta satisfeito por realizar apenas parte do seu sonho.

- **Arriscar:** depois de ter seus objetivos bem estabelecidos, é hora de agir, de colocar em prática a solicitação. É recomendável que tenha cautela, que planeje cada um dos passos e confie em seu potencial.
- **Agradecer:** por fim, é chegado o momento de demonstrar gratidão. Agradecer por tudo que possui é uma forma de se motivar a buscar novos objetivos. Quando a gratidão se torna um hábito, você aprende a encarar todas as pequenas coisas do cotidiano de maneira mais positiva.

DECLARAR

senso de identidade,
pureza, inocência,
essência

EU CRIANÇA
EU VISIONÁRIO

SOLICITAR

sonhar, planejar,
pedir,
ter merecimento!

EU JOVEM
EU MESTRE

AGIR/ARRISCAR

fazer;
energia em direção
aos seus objetivos,
TBC

EU ADULTO
EU GUERREIRO

AGRADECER
"Entregar a mais"

potencial infinito
do ser humano
(divindade; self 2;
universalidade),
perdoar, autoperdão

EU ANCIÃO
EU CURADOR

Fonte: Instituto Brasileiro de Coaching | Editora IBC.

Além dessas quatro partes, a Roda também é dividida ao meio, com os eixos *dar* e *receber*. As partes declarar e solicitar correspondem a *receber*. As seções arriscar e agradecer representam *dar*.

É essencial sempre viver esses dois lados. Aqueles que incorporam essa prática ao cotidiano são os que conseguem viver de maneira plena e próspera. Dar e receber é ajudar os outros sempre que possível, saber receber ajuda quando necessário, além de praticar a caridade e a generosidade em todas as relações. Dar e receber é movimentar a energia positiva do universo, é transformar uma vida limitada em uma vida próspera, é viver com o objetivo de construir a própria história, o próprio legado.

Convido você a fazer um exercício: escreva suas ideias a respeito da criação de riqueza. Quais são as ideias sobre criação de riqueza que você ignorou no passado? Quais são as crenças que você traz desde a infância? De que forma sua percepção de universo limita as suas possibilidades no momento presente? Você é grato? Quais são suas ações para com o universo? Você mais pede do que dá?

Abra sua vida às infinitas possibilidades que o universo lhe oferece todos os dias. Observe os sinais que ele envia, aceite tudo com resiliência, paciência e gratidão. Agarre-se a tudo o que lhe faz bem, e o que não faz deixe que o vento leve para longe. Cultive pensamentos positivos e prósperos. Viva a inteireza da abundância.

A abundância e a prosperidade serão resultados naturais na vida de quem tem como propósito impactar o mundo, e não apenas viver nele.

AS 7 RIQUEZAS

Já repetimos ao longo deste livro que, quando se fala em riqueza, a primeira coisa que vem à cabeça, automaticamente, é dinheiro. Mas eu garanto a você que riqueza é muito mais que isso. Riqueza significa abundância e prosperidade em todas as áreas da sua vida.

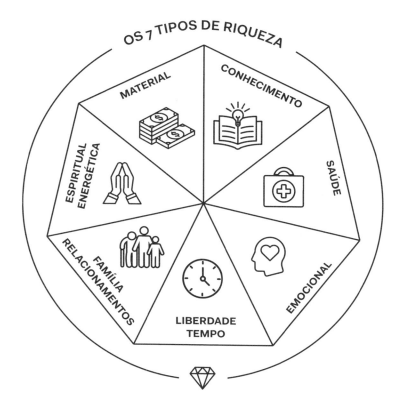

A riqueza é também um estado de alma. Não é algo racional, nem cognitivo, nem técnico. A riqueza é um estado de sentir as coisas com a alma e não com o ego. Ninguém recebe a riqueza para si mesmo (ego), mas para girar uma roda e canalizar abundância e prosperidade. Toda pessoa rica é um catalisador de riquezas.

É simples assim: se não sente a abundância e a prosperidade em todas as áreas da sua vida, certamente você não é rico.

A riqueza material é somente uma das riquezas que existem. A estabilidade financeira é uma das etapas dos 7 tipos de riqueza. Quando adquirimos uma base segura, nos damos conta de que a riqueza possui significados muito mais amplos que apenas dinheiro.

A riqueza envolve todos os aspectos de nossa vida – saúde, relacionamentos, sabedoria e tudo que representa a felicidade.

É preciso ampliar a visão sobre riqueza para desejar, buscar e reconhecer todos os seus 7 tipos:

1. Riqueza material

A riqueza material é a base para quase tudo que realizamos na vida. Como eu sempre digo: "a vida é bela, o céu é azul, e sem dinheiro você morre de fome!". O que isso quer dizer? Quer dizer que precisamos de recursos financeiros que nos garantam liberdade para vivermos da forma que desejamos, e que não podemos ter medo de valorizar o nosso trabalho, nossos talentos e os serviços que prestamos.

Os critérios para estabelecer essa liberdade são subjetivos e variam de pessoa para pessoa. Alguns desejam uma renda estável, com menos riscos, a fim de poderem dedicar mais tempo à família, enquanto outros desejam viver viajando e investem o dinheiro de forma dinâmica e crescente, apesar dos riscos envolvidos. E ambos estão certos. Cada um está buscando a riqueza material à sua maneira, segundo suas próprias crenças.

E por que devo buscar ter riqueza material?

A primeira coisa que deve indagar a si mesmo é por que você busca riqueza material. Depois, questione-se:

- Quais são os meus propósitos?
- O que significa riqueza material para mim?
- De quanto eu preciso para viver confortavelmente?

Quantas pessoas existem por aí reclamando de falta de dinheiro e preocupadas com o próximo salário porque as contas já apertaram antes mesmo de o mês acabar? E quantas pessoas possuem muito mais dinheiro do que verdadeiramente precisam e, no entanto, nunca vivenciaram o estado de riqueza um único dia sequer?

Pode ser para mudar a vida de toda a sua família, adquirir uma casa própria, viajar pelo mundo, ter um carro do ano, não importa. O importante é saber o que significa riqueza para você e como essa riqueza irá influenciar a vida das pessoas ao seu redor.

Como busco a riqueza material?

Para buscar a riqueza material, acredite no seu merecimento. Acredite na sua capacidade. Acredite na sua felicidade. Você pode chamar isso de lei da atração, de energia, de profecias, conexão com o universo, ou o que fizer mais sentido para você. O fato é: para receber riqueza, devemos atrair riqueza. Como? Com nossos pensamentos, nossas palavras e nossas ações.

Fale, declare, peça, pense, imagine, sonhe, mentalize e, claro, corra atrás!

E o mais importante: trabalhe muito! Para mim, este é o segredo daquele livro que vendeu milhares de cópias, *O segredo*, de Rhonda Byrne. O grande segredo para buscar a riqueza material é despender toda a sua energia no trabalho, investindo seu dinheiro no próprio trabalho (seja empresa ou carreira pessoal).

Quem acredita que deve trabalhar 44 horas por semana para receber um salário e benefícios no fim do mês dificilmente terá mais riqueza material do que a média da população. Você só conseguirá mais se dedicar-se mais, se aperfeiçoar-se mais, se imergir mais nos seus projetos.

A riqueza material é resultado do quanto de energia pessoal você investe na busca por essa riqueza. Mesmo famílias ricas, cuja herança mantém seus herdeiros, correm sérios riscos de perder o que têm caso um dos dependentes não esteja verdadeiramente empenhado em manter o que já possui e construir mais.

A riqueza material é o resultado, é o retorno. Sua busca deve ser pautada no máximo esforço físico, mental e de intenção.

Como saberei se tenho riqueza material?

Se riqueza material é subjetivo, como podemos saber se conseguimos conquistá-la? É simples: se você souber o que é riqueza para você, e por que você a busca, você saberá o que espera dela. Muitas pessoas, aliás, descobrem que já possuem a riqueza material que tanto desejavam quando fazem essa reflexão. Elas simplesmente não sabiam "sentir" a abundância em suas vidas.

Uma pessoa rica materialmente possui estabilidade financeira suficiente para ajudar a si mesma e também os que estão à sua volta que precisam de ajuda. Para alguns, isso pode significar dar um carro novo para um filho, para outros, pode ser contribuir com uma causa social.

A RIQUEZA MATERIAL É SOMENTE UMA DAS RIQUEZAS QUE EXISTEM. A ESTABILIDADE FINANCEIRA É A PRIMEIRA ETAPA DOS 7 TIPOS DE RIQUEZA.

Você pode fazer um exercício simples: escreva em um papel o que será o símbolo da sua riqueza material, o que será a materialização desse projeto. É claro que haverá outra etapa, mas, neste momento, o que representa para você a sua riqueza material?

2. Riqueza de conhecimento

Sem dúvida, um dos mais belos e admiráveis tipos de riqueza é a riqueza de conhecimento. É o tipo de riqueza que não depende de nada além de dedicação e paciência.

Aqueles que possuem riqueza de conhecimento podem ser verdadeiramente considerados sábios. A sabedoria é um bem que não nos pode ser tomado nem roubado. Independentemente de como gire a Roda da Fortuna, nossos conhecimentos permanecem conosco.

O segredo para a riqueza de conhecimento é ser grato por tudo que o universo ensina. Todo o conhecimento que adquirimos ao longo da vida precisa reverberar em outras pessoas, caso contrário, morre conosco. É por meio da transmissão que nossos conhecimentos se perpetuam. Temos o dever de partilhar todo o conhecimento que recebemos, passá-lo adiante e ensiná-lo para o máximo de pessoas.

Conhecimento é poder, é uma potência infinita.

Por que devo buscar riqueza de conhecimento?

Tudo o que aprendemos, tudo o que conhecemos, criamos, relacionamos, enfim, tudo o que enriquece a nossa sabedoria expande a nossa consciência eternamente.

Em poucas palavras: conhecimento é poder. Poder verdadeiro. Conhecimento é uma potência infinita. Quanto mais sabemos, maiores são os nossos potenciais criativo e evolutivo.

Cada contexto e cada situação exigem um tipo específico de conhecimento. Somente por meio da riqueza de conhecimento adquirimos a sabedoria para utilizar corretamente toda as informações que acumulamos.

E o mais importante: quanto mais ricos em conhecimento nós nos tornarmos, mais conhecimentos deixaremos para as gerações futuras. O pequeno ato de aprender e transmitir algo hoje pode mudar o mundo através das gerações seguintes.

Como busco a riqueza de conhecimento?

A primeira coisa em que pensamos quando falamos em buscar riqueza de conhecimento é em estudar. Pensamos em escolas, livros, faculdades e estudos formais. De fato, tudo isso produz riqueza de conhecimento: quanto mais estudamos, mais aprendemos.

Todavia, não devemos nos esquecer de que existem muitos tipos de conhecimentos diferentes. Nem todos os conhecimentos do mundo podem ser transmitidos e recebidos por meio de livros ou escolas. Existem conhecimentos que surgem da prática de alguma atividade, do contato com a natureza, do exercício de uma arte ou da meditação.

Conheço pessoas analfabetas que vivem no campo e são extremamente sábias. Mesmo sem nenhum estudo formal, elas detêm conhecimentos extremamente valiosos dentro do contexto em que vivem. Sabem, por exemplo, identificar e cultivar diversas espécies de plantas que a maioria de nós sequer notaria; reconhecem pássaros pelo canto; sabem criar e lidar com diferentes tipos de animais.

Por isso, para ser sábio, basta estar aberto para perceber tudo que existe ao seu redor. Se você tem acesso a livros e escolas, use isso a seu favor. Se frequenta ou já frequentou uma universidade, atualize e compartilhe seus conhecimentos. Se você possui um comércio, aprenda algo novo com seus clientes todos os dias. Se você segue alguma religião, aprenda por meio de sua fé. Todas essas formas são válidas.

Como saberei se tenho riqueza de conhecimento?

Antes de tudo, é preciso entender a diferença entre informação e sabedoria. O acúmulo de informações, por si só, não significa nada. Vivemos em uma época na qual há um grande volume de informações. Somos bombardeados por elas o tempo todo por meio do celular, computador, mídias sociais, televisão e rádio.

Ter riqueza de conhecimento não significa decorar tudo isso. Pelo contrário, a primeira coisa que o sábio aprende a fazer é filtrar as informações que recebe. Em primeiro lugar, nem todas são verdadeiras; em segundo, não é humanamente possível acompanhar o volume de conteúdos produzido diariamente.

Ter riqueza de conhecimento é ter sabedoria para separar o joio do trigo. É saber quais informações você deve ignorar em função das que você deve buscar ativamente.

Se possui conhecimento sobre algo que pode ser útil para ajudar outras pessoas, você possui riqueza de conhecimento. Se é capaz de ensinar algo a outras pessoas, você possui riqueza de conhecimento.

3. Riqueza de saúde

Sabe aquele ditado que diz que "saúde não tem preço"? Pois é, não tem mesmo. Quem tem saúde é verdadeiramente rico porque ter saúde é possuir um bem de valor inestimável. Saúde é um estado tanto físico quanto mental, que resulta de um estilo de vida equilibrado. Ter saúde significa estar saudável; em outras palavras, é preciso cultivar e manter a saúde durante toda a vida.

Saúde não é apenas a ausência de doença. Se fosse assim, a saúde estaria limitada ao combate de doenças e outros problemas. Na verdade, ter saúde é muito mais do que isso: é viver bem, é se alimentar bem, praticar exercícios; descansar bem etc.

Ter riqueza de saúde significa ter bem-estar em abundância e longevidade.

Por que devo buscar riqueza de saúde?

Ter uma vida saudável deve ser uma das principais metas de qualquer pessoa que busca algum tipo de riqueza na vida, não importa qual seja. Sem saúde, não existe prosperidade e abundância.

Não adianta se matar de trabalhar para adquirir riqueza material se no fim você não tiver saúde para desfrutar os resultados das suas conquistas.

A saúde é o que permite o bom funcionamento do nosso organismo inteiro, desde o corpo físico, a mente e os processos cognitivos até a nossa alma.

Como devo buscar riqueza de saúde?

Uma vida saudável é resultado, principalmente, dos nossos hábitos e do estilo de vida. Existem fatores genéticos que podem influenciar a saúde, porém, entenda: qualquer pessoa pode ser saudável. Mesmo as pessoas que sofrem de algum problema crônico podem desfrutar de um estilo de vida com riqueza de saúde.

Para buscar riqueza de saúde, precisamos trabalhar todos os três aspectos do nosso corpo: físico, mental e espiritual. As pessoas possuem naturezas diferentes, e por isso a forma de alcançar a saúde também será individual. A diferença entre veneno e antídoto se encontra no tamanho da dosagem. Cada um desses aspectos deve ser trabalhado de acordo com as características de cada indivíduo.

Existem hábitos que são saudáveis para todas as pessoas, como praticar exercícios físicos e alimentar-se bem. A quantidade de exercícios e o tipo de alimentação, porém, variam muito de pessoa para pessoa. Um atleta de alta performance, por exemplo, precisa de uma carga de exercícios diários e de uma alimentação diferente do que seria saudável para quem não pratica esportes nem possui a mesma resistência física.

Da mesma forma, existem hábitos que sabemos que são prejudiciais para todos, como fumar e beber. Devemos evitar excessos em geral e manter uma vida equilibrada. Conserve seu corpo e sua mente limpos de qualquer substância que não traga saúde.

Como saberei se tenho riqueza de saúde?

Saúde não é a ausência total de enfermidades. A riqueza de saúde é o bem-estar total e integral de todo o seu corpo e da sua mente, de acordo com suas individualidades.

Isso significa que ter saúde não é a mesma coisa que ter um corpo perfeito, mas saber sentir-se bem com o corpo que você tem. É utilizar todo o potencial do corpo e da mente. É saber administrar as reservas de energia para nunca faltar fôlego no final do dia.

Uma pessoa que possui riqueza de saúde tem equilíbrio físico e emocional para viver bem socialmente.

Você consegue realizar todas suas atividades sem se sentir esgotado? Você se sente livre do estresse? Você descansa o suficiente todos os dias para repor suas energias? Você ama e se sente amado? Pergunte a si mesmo se o seu estilo de vida é compatível com a saúde do seu corpo, da sua mente e da sua alma. Se a resposta for sim, você precisa manter esse estilo ativo; se não, é porque você precisa criar hábitos mais saudáveis.

Saúde é usar todo o potencial do seu corpo e da sua mente.

4. Riqueza emocional

Quantas vezes você soube de pessoas que possuem riqueza material entrando e saindo de clínicas de reabilitação, fazendo tratamentos para ansiedade, depressão ou que tomaram decisões financeiras por impulso e acabaram sem nada?

Isso significa que não basta ter dinheiro, principalmente se você não tem desenvolvimento pessoal e emocional para ser verdadeiramente rico.

A forma como vivemos e enxergamos tudo ao nosso redor é resultado do nosso nível de desenvolvimento pessoal e da nossa inteligência emocional. A fórmula é simples: ações criam resultados; é uma questão de causa e efeito. Mas muitas vezes não nos damos conta de que ações são também geradas por emoções.

O que estou querendo dizer é que você se comporta de acordo com o seu estado emocional, e, se não tem controle e inteligência emocional, consequentemente não terá riqueza emocional e não conseguirá bons resultados.

Por que devo buscar ter riqueza emocional?
A busca por todas as formas de riqueza requer equilíbrio, confiança, força de vontade e resiliência. Às vezes as coisas não sairão da maneira como imaginamos, e você terá que enfrentar situações inesperadas, desafios e incertezas. Para enfrentar tudo isso, é necessário ter inteligência emocional.

Riqueza emocional tem a ver com autocuidado, com a busca pelo próprio desenvolvimento como meio de alcançar o sucesso. Pessoas emocionalmente ricas sabem da importância de dedicar o tempo necessário para reabastecer e cuidar de si mesmas.

A ciência comprova que a psicologia positiva e a neuroplasticidade (a habilidade de se transformar e se adaptar a novas experiências) são uma realidade. Desenvolver essas habilidades e criar o hábito diário de nutrir suas sementes positivas para crescer e enriquecer emocionalmente melhorarão a sua qualidade de vida.

Como busco a riqueza emocional?
Desenvolver a inteligência e o controle emocional pode ser uma porta de entrada para novas amizades, sucesso pessoal, acadêmico e profissional, além de proporcionar autoconhecimento.

Você poderá alcançar essa riqueza prestando atenção ao que sente, identificando as manifestações das emoções dentro de si e de que modo você reage a elas. Praticar essa aproximação com as próprias emoções leva à riqueza emocional e promove a autoconfiança.

Não nascemos com riqueza e inteligência emocional, tampouco elas caem do céu um dia e duram para sempre. É um esforço diário, uma busca constante por ser melhor.

Como saberei se tenho riqueza emocional?
As pessoas que possuem riqueza emocional alcançam sucesso duradouro porque sabem que a felicidade está ao longo da jornada. Elas conhecem o valor que têm, não precisam da aceitação ou da validação de outras pessoas e têm uma força interior profunda para afastar pessoas e pensamentos negativos ou para evitar que tenham impacto em sua vida.

Ter riqueza emocional não significa não ter medo ou dúvidas, mas ter a capacidade de buscar resultados apesar das inseguranças.

Portanto, se você conhece e controla suas emoções em vez de apenas reagir a elas; se é capaz de escolher pensamentos e respostas que o levem ao sucesso e se afasta de pensamentos negativos; se você não tem medo de demonstrar vulnerabilidade, tem coragem de admitir suas inseguranças e está aberto a novas possibilidades com honestidade, autenticidade e dando o melhor de si, considere-se uma pessoa emocionalmente rica.

5. Riqueza de liberdade/tempo

O tempo é o recurso mais valioso da vida humana. Todas as pessoas possuem um tempo de vida limitado. O que significa, então, ser rico de tempo e liberdade? Ser rico de tempo é muito mais do que ter muitos anos de vida pela frente. Até porque ninguém sabe com certeza quanto tempo de vida tem pela frente.

Ser rico de tempo é, na verdade, ser rico de liberdade. Liberdade para fazer o que quiser com o seu tempo. Seja esse tempo um mês, dez anos ou cem anos. Aquele que vive o tempo de forma livre é rico em liberdade e tempo.

Por que devo buscar riqueza de liberdade/tempo?

Ser livre é a melhor coisa que existe. Apenas essa afirmação já deveria ser motivo o suficiente para mover todo ser humano em busca de riqueza de liberdade e de tempo.

A verdadeira felicidade depende não só da prosperidade financeira, mas também do que nós fazemos com outro recurso muito valioso: o tempo. Estar no controle do seu tempo promove comportamentos diretamente associados ao aumento do bem-estar e da felicidade.

Não adianta acumular riqueza material se você sente que não tem tempo para nada. Se a sua riqueza não é fruto do uso que você faz livremente do seu tempo, dificilmente ela trará felicidade.

Quando fazemos algo com amor, o tempo cronológico deixa de ser um problema e passa a ser mera convenção. Quando estamos envolvidos com nossos propósitos, percebemos que o tempo é uma metáfora. Cada instante, cada momento pode ser infinito. Assim, aproveitamos cada segundo de nossa vida como algo especial.

Como busco a riqueza de liberdade/tempo?

Para ser livre, é preciso declarar-se livre. Diga para si mesmo e para o mundo inteiro: EU SOU LIVRE.

O seu tempo de vida é somente seu, e você deve fazer o que quiser com ele. Obviamente, existem escolhas e consequências. Uma pessoa que busca riqueza de liberdade e de tempo deve, preferencialmente, atingir certa estabilidade financeira antes.

Priorize a si mesmo. Priorize os momentos de lazer e os momentos a sós consigo mesmo. Organize suas atividades de forma a não perder seu tempo com tarefas desnecessárias.

Reserve sempre algum tempo livre na agenda. Não estou falando de ter um horário disponível para marcar algum compromisso. O seu compromisso é exatamente com o tempo livre. É ter um horário disponível para você mesmo. Para ser livre.

Como saberei se tenho riqueza de liberdade/tempo?
Pergunte a si mesmo:

- Sou feliz fazendo o que faço?
- Se tivesse que reviver minha vida, eu estaria satisfeito em refazer as mesmas coisas?

Se responder sim a essas questões, provavelmente você é uma pessoa rica em liberdade e tempo.

As pessoas que conquistam a riqueza de liberdade e de tempo se dedicam de coração às atividades que escolheram. Esse é um diferencial das pessoas livres: elas trabalham não apenas por necessidade ou para sobreviver, trabalham para construir e realizar sonhos.

Ter riqueza de liberdade e de tempo é estar no controle da sua rotina e das suas atividades. É também sentir-se realizado com a sua ocupação diária.

6. Riqueza de relacionamentos/familiar

Quando se fala de riqueza, já sabemos que uma das crenças limitantes mais disseminadas é a de que riqueza consiste apenas de dinheiro e bens materiais. Outra crença limitante bastante comum é a de que buscar a riqueza significa negligenciar a família e todo tipo de relacionamento. Mas isso não é verdade.

A família é a base de qualquer pessoa. A construção familiar é a chave para que você tenha uma vida próspera, plena e abundante, é o que o manterá feliz e saudável ao longo da sua vida.

Quanto mais conectados estivermos com a nossa família, mais felizes, saudáveis e ricos seremos. A riqueza de relacionamento e familiar significa saber que podemos contar com pessoas que nos apoiarão em qualquer situação, independentemente de brigas e diferenças.

Antes de alcançar o sucesso lá fora, é necessário ter sucesso dentro de casa, na relação com seu cônjuge, filhos, pais e irmãos. Gere riqueza dentro de sua própria casa e você perceberá que a sua família é o seu maior patrimônio.

Por que devo buscar a riqueza de relacionamentos/familiar?

Porque a solidão nos desmotiva, desanima e contribui para que a nossa vida se torne tóxica e sem qualidade. Quanto mais isolados estivermos, menos felizes e saudáveis seremos, porque, no momento em que mais precisarmos de alguém, estaremos sós.

A família e os relacionamentos que mantemos ao longo da vida são a fonte de equilíbrio emocional de que precisamos para conquistar todos os outros tipos de riqueza. Gente precisa de gente para ser gente.

Por meio das conexões que estabelecemos com outras pessoas, sejam elas familiares, amigos ou colegas de trabalho, aprendemos a lidar com as mais diferentes situações, nos sentimos parte de um grupo e conseguimos identificar e expressar nossas emoções.

Por tudo isso, é fundamental buscar a riqueza de relacionamentos e familiar. Porque são os vínculos que fazem os indivíduos evoluírem.

Como busco a riqueza de relacionamentos/familiar?

Quando foi a última vez que você saiu para fazer um passeio com seus familiares? Se já tem esse hábito, meus parabéns; se ainda não tem, sempre é tempo de começar. Convide seus pais e irmãos para irem ao cinema, para dar uma volta no parque, fazer uma viagem ou mesmo para um almoço especial na sua casa. Lembre-se de que não importa o tipo de ocasião, nem se o convite é para um programa refinado ou simples; o importante é a intenção de estar junto e compartilhar bons momentos com quem você ama.

Para manter bons relacionamentos em qualquer ambiente, é importante saber ouvir, entender como as pessoas pensam e abrir um canal de comunicação positivo.

PARA SER LIVRE, É PRECISO DECLARAR-SE LIVRE. DIGA PARA SI MESMO E PARA O MUNDO INTEIRO: EU SOU LIVRE.

Um relacionamento saudável – seja com familiares, amigos ou até mesmo uma relação amorosa – carece do amor recíproco, do amor correspondido, no qual amamos e somos amados na mesma medida, sem exageros e desequilíbrios. Portanto, permita-se amar e ser amado. Permita que o amor faça parte da sua vida todos os dias.

Em todos os relacionamentos, o respeito é muito importante. Não existem relacionamentos verdadeiramente saudáveis sem respeito. Respeitar o outro é entender suas características, além de ser um aprendizado para conviver com as diferenças de maneira positiva e agregadora.

Como saberei se tenho riqueza de relacionamentos/familiar?
Repito a pergunta: quando foi a última vez que você saiu para fazer um passeio com seus familiares? E acrescento: quando chega em casa ao final de um dia de trabalho, como você se sente? E quando pode estar com sua família ou em uma reunião entre amigos, como você verdadeiramente se sente?

A resposta a essas perguntas é a resposta de como você pode saber se tem riqueza familiar e de relacionamentos. Conexões sociais são imprescindíveis. Quanto mais conectado você estiver com sua família, amigos e comunidade, mais feliz e rico será.

7. Riqueza energética/espiritual

A riqueza energética e espiritual é a riqueza por excelência. Riqueza energética é a expansão da consciência. Riqueza espiritual é o contato íntimo com sua Divindade interior.

A riqueza energética e espiritual é o verdadeiro caminho para a felicidade e para a completude. Sem essa riqueza, nunca nos sentiremos satisfeitos, não importa o quanto acumulemos, seja em dinheiro, conhecimento ou relacionamentos.

Essa é a riqueza que nos ensina o caminho da evolução humana.

Por que devo buscar riqueza energética/espiritual?
Todo ser humano, independentemente do lugar onde tenha nascido, sente falta de algo dentro de si. Essa falta é o que nos move em direção a muitas coisas, tanto boas quanto ruins.

A riqueza energética/espiritual é a única riqueza capaz de satisfazer esse vazio que sentimos. De nada adianta ter carros, mansões, diplomas, filhos, se você não se sentir satisfeito e verdadeiramente feliz com disso.

É preciso muita riqueza espiritual para atingir a maturação necessária para administrar todas as outras riquezas. Sem ela, estaríamos perdidos, vagando de objetivo em objetivo em busca de uma felicidade que sempre nos escapa.

Como devo buscar a riqueza energética/espiritual?

A riqueza energética/espiritual parte de um movimento que começa de dentro para fora. Começamos conhecendo a nós mesmos antes de expandirmos para o universo.

Medite, reflita, pense, sonhe, ouça, ame.

Conheça bem quais são os desejos da sua alma, conheça suas forças e suas fraquezas. Questione-se sobre suas crenças. Conecte sua alma com a sua divindade interior.

Essa divindade interior pode ser Deus, se você for cristão como eu, ou pode ser qualquer outro nome que faça sentido para você nas suas crenças, como a natureza ou o universo.

Quando adentramos profundamente o nosso ser, encontramos a divindade que existe dentro de nós. O coração começa a se abrir e percebemos as ondas maravilhosas de devoção e amor que surgem dentro dele.

Esse é o caminho para experienciar a espiritualidade, pois ela nasce do florescer do coração para uma percepção mais elevada da realidade e da energia que emana de todos os lados.

Como saberei se tenho riqueza energética/espiritual?

Como sentir que atingimos a espiritualidade? Como saber quando evoluímos a nossa forma de sentir e perceber o mundo? De que forma saberemos que expandimos nossa consciência?

Todas essas perguntas são feitas ou pelo menos passam pela cabeça das pessoas que estão iniciando sua jornada espiritual. São perguntas válidas, porém não existem respostas fáceis.

A riqueza espiritual não é uma espécie de clique ou gatilho que ativa algo de uma hora para outra. A riqueza espiritual também precisa ser cultivada, acumulada e distribuída.

Alguém rico espiritualmente distribui riqueza espiritual por onde quer que passe. O movimento de dar e receber se torna tão natural quanto respirar. Isso não significa que a pessoa irá passar por transformações mirabolantes, mudar o jeito de se vestir, deixar a barba crescer, se tornar um eremita ou coisas do tipo.

Ter riqueza energética ou espiritual é sentir a felicidade invadir seu coração todos os dias. Sentir e reconhecer essa felicidade como um milagre diário que acontece desde o início da manhã até a hora em que vamos dormir. A presença divina é constante, e a cada segundo podemos presenciar sua ação sobre todas as coisas e sobre a nossa vida.

5

UMA MENTE FOCADA NA RIQUEZA, SEM APEGO

As lições que tenho compartilhado desde o princípio deste livro começam a tomar forma a partir deste capítulo. Trata-se da criação de uma mente focada na prosperidade, em busca de ser "milionária", sendo a palavra "milionária" uma metáfora para a riqueza próspera, desvinculada da avareza e conectada aos princípios da humanização.

Todos nós queremos obter sucesso e resultados mais extraordinários. Para tanto, nós nos esforçamos, dedicando todo o nosso empenho e força para atingir esse objetivo maior. Contudo, muitas vezes, simplesmente não conseguimos alcançar o que desejamos e isso nos frustra.

Temos o hábito de questionar nosso merecimento, no sentido de acharmos que não estamos recebendo o que merecemos por nosso esforço e trabalho. Perguntamo-nos: "por que isso está acontecendo? Eu estou me esforçando tanto! Onde estou errando? Porque não tenho tudo que mereço?".

A verdade é que muitas vezes a melhor abordagem que podemos ter é não forçar ou insistir em ações para chegar a um resultado, mas aprender a nos desapegar do resultado em função do caminho. Sim, ter, entretanto não valorizar o bem material e o dinheiro mais que seu significado. Se o significado do dinheiro é puramente sua posse, talvez você esteja no campo da avareza em vez de no campo da prosperidade. A prosperidade envolve o desapego do material dando maior valor ao significado.

Costumo contar esta história para exemplificar esse conceito:

Havia meia dúzia de maçãs na geladeira. Alguém, com fome, viu as maçãs e as comeu. As maçãs acabaram.
Outra pessoa, que, mais do que estar com fome, queria agradar a família, lavou as maçãs, cortou-as em bonitas fatias da mesma espessura, fez uma massa muito simples com manteiga, farinha e ovos, acrescentou açúcar e, ao final, ofereceu uma bonita torta a todos.
Essa segunda pessoa não apenas saciou mais pessoas além dela mesma como viu nas maçãs mais do que um fim (matar a fome), mas as possibilidades de:
a) *matar a fome;*
b) *agradar a família;*
c) *distrair-se com algo prazeroso (para os que gostam de cozinhar);*
d) *aprimorar uma habilidade; e*
e) *diversificar a alimentação.*

Uma mente milionária não vê o dinheiro como fim. Ele não é o foco: o foco está em si mesmo e na autotransformação. O foco está em ser melhor, mais ágil, mais sábio, mais equilibrado, mais aberto, mais criativo e mais humano!

Em outras palavras, o meio torna-se mais importante que o fim. Talvez o fim seja a riqueza; no entanto, para que tal riqueza seja próspera, o meio precisa ser a expansão da consciência, a evolução espiritual, o estado interno de beleza, a consciência do todo e, principalmente, o equilíbrio entre o dar e o receber.

A verdade é que não devemos nos ater às metas finais, a algo que está distante. Precisamos nos desprender para verdadeiramente aproveitar o percurso, vivendo no agora, nos concentrando no que está acontecendo neste momento, nas ações que praticamos, buscando resolver os conflitos hoje.

O desapego refere-se exatamente a isto: a não individualizar a posse, a não acreditar que a posse é mais importante que o significado, a história e as memórias.

SE O SIGNIFICADO DO DINHEIRO É PURAMENTE SUA POSSE, TALVEZ VOCÊ ESTEJA NO CAMPO DA AVAREZA.

DESAPEGO COMO LEI UNIVERSAL

De modo algum tratar a riqueza por meio da mudança de mind-set significa ausência de esforço, inércia e milagre. Ao contrário: significa que você precisa orientar a sua energia na direção certa.

Talvez você tenha passado a vida toda gastando energia com esforços desvinculados do seu propósito, estressando-se, enrai-vecendo-se, abrindo mão do vínculo com a sua família, adoe-cendo mental e fisicamente. Esse gasto energético não vai gerar prosperidade.

O desapego é a melhor e mais poderosa forma de conseguir aquilo que desejamos em termos materiais. É também um sinal de maturidade e equilíbrio, porque deixamos de condicionar a nossa felicidade e os nossos objetivos a certas conjunturas.

No momento em que você pratica a lei do desapego, as solu-ções aparecem de maneira natural, porque você se liberta dos limites, abrindo-se para novas oportunidades e maneiras de fazer diferente. Compreendendo que as incertezas fazem parte des-sa jornada, você se solta do controle total, descomplicando as coisas. Quando nos desapegamos, vivemos livres, nos soltamos, ficamos desimpedidos e podemos enxergar a nossa vida com uma perspectiva de maior clareza, criatividade e oportunidades. Ficamos libertos de tudo que é negativo, das nossas dores e do passado e assim podemos ressignificar. Desapegar-se, desvin-cular-se do estado de sofrimento é essencial para que possamos seguir em frente.

Apegados, nós nos dedicamos de maneira excessiva a algo que talvez não esteja vinculado aos nossos propósitos. Você sabe qual é o maior apego que temos? É o medo da morte. Quando morre-mos, deixamos tudo aqui: bens materiais, *status*, família e amigos.

Quando estamos apegados a esse medo, estamos apegados a uma ilusão, porque tentamos negar a morte. Fazemos isso porque tudo o que temos e conhecemos está neste plano, daí nosso medo. Mas a verdade é que estamos aqui de passagem e, quando temos consciência disso, nós nos dedicamos ao que realmente impor-ta: nosso crescimento espiritual, o senso de significado que leva a deixarmos um legado. O legado é a nossa imortalidade. Cientes disso, queremos transcender e deixar um legado eterno de amor para seguirmos nosso caminho.

Quando nos apegamos ao que é terreno, vivemos com medo: medo de não ter dinheiro, de não ter poder ou prestígio, de perder o carro e a casa, de passar fome ou de sermos abandonados por alguém que amamos.

Quando temos medo, estamos vivendo pelo ego. O ego foi criado pela alma, pois ele protege nosso corpo físico e assim preserva nossa alma. A alma tem desejos e o ego tem necessidades que precisam ser atendidas. Quando vivemos pelos desígnios da alma, não vivemos pelo material ou pelo que é terrestre, mas para transcender essa existência passageira e tudo que a acompanha.

Dessa forma, quando nos desapegamos, podemos nos concentrar em algo maior. Se nos desapegamos do medo e das necessidades do ego, vamos em direção a resultados maiores porque visamos aos desejos da alma, que são eternos e são o verdadeiro propósito da vida. Esse é o maior e mais profundo desapego humano, e isso se aplica a todas as suas metas e objetivos, em todas as áreas da vida.

Desapego e riqueza são algumas das principais questões referentes ao trabalho com a mente milionária. Pessoas apegadas ao dinheiro não estão pensando como pessoas prósperas, porque o apegado vê o dinheiro como matéria, já o próspero vê o dinheiro como energia. A energia precisa circular para gerar coisas no mundo. Isso acontece por meio de aplicações financeiras, investimentos e mesmo com aquisições de bens. Mas, sobretudo, a energia do dinheiro circula com prosperidade quando ela é encarada como geradora de vida: afinal, se você morresse hoje, o que o seu dinheiro teria produzido no mundo? Você se orgulharia do que fez com a sua riqueza?

Entender que a riqueza que está na sua conta bancária ou nos seus bens não deve ser vista apenas como matéria é a chave para a mente milionária. Nenhuma riqueza lhe pertence. A riqueza é do mundo, da natureza, do universo; o que você faz é atraí-la para si e usufruir dela. O apego não nos deixa compreender isso e faz com que uma pessoa se sinta sempre infeliz com o que tem, pois deseja mais sem deixar fluir o que já conquistou.

É um processo educacional. A lei do desapego nos educa para estarmos sempre comprometidos com a lei natural do dar e receber, do retorno. São princípios como esses, aparentemente simples, que fazem a diferença entre uma mente que pensa focada na prosperidade e uma mente que pensa apenas na conquista do dinheiro.

A JORNADA DO DESPERTAR DA MENTE

Fui algumas vezes à Índia e participei, junto a grandes gurus e buscadores do mundo todo, de eventos que nos levavam a portais de consciência rumo ao despertar da mente. O engraçado é que, quando buscamos o despertar, isso significa que já estamos despertos, porque só buscamos algo que acreditamos que existe e que podemos encontrar. A busca, então, já é um despertar.

A jornada pela mente desperta é a certeza de que há um despertar. E esse despertar significa acessar um novo caminho evolutivo. Tal caminho pode levar à riqueza material caso esse seja o seu desejo mais profundo. Pode levá-lo também a impactar de forma importante e contundente a vida de muitas pessoas.

Quando começamos a procurar, já descobrimos que existe algo. Vamos então ao encontro desse algo.

Esse percurso tem a ver com o despertar da mente. É uma mudança de padrão de pensamento sobre riqueza, dinheiro, prosperidade e abundância. Tal jornada envolve três estágios que nos ajudam a perceber quão despertos estamos, o quanto a nossa visão está caminhando no sentido de atingirmos uma visão espiritual e o quanto estamos preparados para fazer de nossos negócios um movimento de mudança no mundo. Esses três estágios são:

O **primeiro estágio** da Jornada do Despertar é a criação do "Eu autêntico". O Eu autêntico é o resultado do nosso olhar para dentro, do trabalho de autoconhecimento, de enfrentamento de luz e sombra. É o resultado de nos olharmos por meio do espelho da alma, sem máscaras e sem sabotagem. É a jornada que tenho traçado com você desde o começo deste livro.

O Eu autêntico nos coloca no caminho da mudança de mindset. São mudanças que ocorrem em nosso cérebro, que é neuroplástico, ou seja, sujeito a mudanças, adaptativo. Quando o cérebro muda, a nossa percepção do mundo e das coisas também muda.

Pode acontecer de não conseguirmos ver a mudança ou perceber o Despertar, mas ele já está se espalhando por todas as partes do nosso cérebro e operando alterações irreversíveis. Essa é a mudança de mindset, ou seja, o **segundo estágio**.

O **terceiro estágio** é experiência da já mencionada expansão de consciência, é o entendimento da existência. Trata-se da capacidade de lidar com mecanismos que superam a lógica e a cognição. É um estágio mental tão superior que, muitas vezes, temos ideias, insights e dizemos coisas que não sabemos exatamente de onde vieram.

Conectados a uma consciência expandida, fazemos mais do que entendemos que somos capazes de fazer. Temos resultados e desempenho que surpreendem a todos, porque ultrapassamos os limites que supúnhamos ter. Então, pergunto agora a você:

- Você já se encontrou com seu Eu autêntico?
- Você se conhece verdadeiramente?
- Você está pronto para incorporar a mudança em sua vida?

Esses três estágios são os alicerces da mudança. Alcançados, eles nos levam a constatar três fatos determinantes e importantíssimos. Não há como compreender o funcionamento de uma mente milionária focada na prosperidade sem entender que:

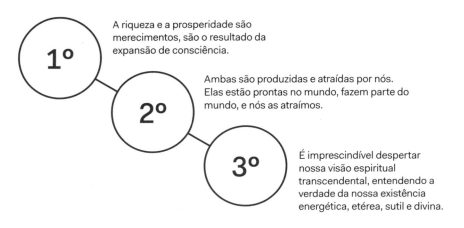

1º A riqueza e a prosperidade são merecimentos, são o resultado da expansão de consciência.

2º Ambas são produzidas e atraídas por nós. Elas estão prontas no mundo, fazem parte do mundo, e nós as atraímos.

3º É imprescindível despertar nossa visão espiritual transcendental, entendendo a verdade da nossa existência energética, etérea, sutil e divina.

Uma pessoa que consegue compreender essas verdades está pronta para gerar riqueza próspera. Mas veja: compreender é mais do que obter a informação. Qualquer um que leia este livro terá as informações a seu dispor; contudo, ter a informação não significa gerar compreensão, não significa entendimento.

Não é incomum que levemos horas, dias, até anos para que "uma ficha caia". Anos depois de lermos ou ouvirmos algo pode ser que, diante de uma nova informação, as coisas passem a fazer sentido. Portanto, perceba que as lições que compartilho com você precisam estar conectadas a uma compreensão verdadeira, legítima e profunda do que está sendo dito. A informação por si só não produz transformação.

A RIQUEZA É UM ESTADO DE ALMA.

RIQUEZA COM SIGNIFICADO

Começaremos a dissertar sobre a riqueza fazendo uma reflexão sobre o Batman. O super-herói da DC Comics, que surgiu nas histórias em quadrinhos pela primeira vez em 1939, tem como maior missão, maior propósito, livrar Gotham City, uma alegoria de Nova York, de criminosos como Coringa, Pinguim, Charada, Bane, entre outros.

Seu nome de super-herói, que esconde a identidade de Bruce Wayne, nasce de um trauma de infância. Quando criança, Bruce cai em um poço repleto de morcegos. Seu pai o resgata, mas aquele instante se torna uma marca em sua vida. Sempre que vê morcegos, Bruce os associa aos momentos de terror que passou dentro do poço.

Quando seus pais morrem, vítimas de um assalto, Wayne, após um longo período de luto, resolve vingar a morte deles. Bruce herda a mansão e a empresa dos pais e, com o dinheiro que lhe foi deixado, investe em tecnologia e na montagem de itens, como um traje especial e um carro, entre outros mecanismos que se tornam seus dispositivos de batalha.

Dessa forma, Bruce se transforma no Batman, que, em inglês, significa Homem-Morcego. Seu objetivo ao criar o super-herói é encontrar aqueles que vitimaram seus pais, deixando-o órfão.

Duas palavras são muito importantes quando se trata do Batman: medo e riqueza.

O medo é o maior incentivador da vida de Bruce Wayne. Apesar de ter se transformado em um vingador por causa da violência que presenciou, ele buscou em seu trauma mais profundo, o medo que tem de morcegos, a motivação para se tornar mais forte e mais poderoso. Podemos, de início, pensar, então, que Bruce se tornou o que mais temia, não é? Esse processo de transformar o próprio trauma, medo ou sentimento negativo em estímulo é trilhar o caminho da ressignificação.

Desde pequeno, a riqueza é uma constante na vida de Bruce Wayne, e, quando perde os pais, ele se percebe sem rumo e acaba tomando o caminho da vingança. A riqueza que tem, nesse momento, serve apenas para financiar o seu projeto de vingança, para construir as ferramentas mais potentes, para encontrar os gurus nos lugares mais longínquos possíveis. Contudo, nesse mesmo momento, a riqueza de Bruce é apenas monetária. Dentro de si, ele é movido por sentimentos negativos de revanche e violência.

Wayne só alcança a verdadeira riqueza quando encontra seu verdadeiro propósito: o combate ao crime. Enquanto seguia seu caminho movido por sentimentos negativos, Wayne só se deparou com obstáculos. A partir do momento em que percebe que sua missão é livrar sua cidade natal dos criminosos, e não apenas dos que mataram seus pais, Wayne atinge verdadeiramente a riqueza e seu dinheiro passa a ser usado com um propósito: ele não o vê mais como um fim, mas como um meio.

É nesse ponto que nossa história encontra a história do Batman. Alguns podem dizer que o superpoder dele é ser rico, porém, de que vale ter riqueza financeira quando a mágoa não o deixa caminhar sem sofrimento? Será que é somente o poder de compra que proporciona os melhores momentos da sua vida?

Quando tratamos do assunto abundância, prosperidade e riqueza, pode parecer que a riqueza é incompatível com a abundância e a prosperidade, mas essa é a visão de quem enxerga apenas a matéria. Com o devido planejamento financeiro, expandindo sua mente a ponto de encontrar sua verdade interior, expandindo a sua consciência e agindo a partir de um estado de graça e beleza interior, focando a energia em suas habilidades e ousando nas oportunidades, é possível conseguir uma conta milionária, gerar felicidade e prosperidade e manter-se nesse patamar com abundância.

A riqueza é um estado de alma. Sua definição ultrapassa um dos significados que podemos resgatar do dicionário: "grande abundância e quantidade de dinheiro, de bens materiais; abastança, fartura, fortuna".

No mesmo dicionário, entre os demais significados, a riqueza aparece como "abundância de qualquer coisa considerada valiosa". Esta última se aproxima do que buscamos demonstrar aqui.

Já abordamos o tema antes e vou retomá-lo agora. Ao pensarmos em sonhos, sempre vêm à mente nossos objetivos de vida, aquilo que nos faz levantar todos os dias de manhã, tomar banho e um café reforçado.

Cada um de nós tem uma definição diferente para o que são sonhos e o que é necessário para realizá-los. Para você, pode ser alcançar um cargo importante ou ter o seu próprio negócio – talvez, para isso, seja necessário trabalhar dia e noite para juntar dinheiro. Para o seu melhor amigo, pode ser ajudar o próximo e fazer trabalho voluntário aos finais de semana.

Os sonhos podem até estar associados ao enriquecimento financeiro, entretanto não podem ser a mesma coisa. O que quero dizer com isso? Quero dizer que o ganho monetário, o dinheiro no bolso, tem de ser uma consequência da realização de um sonho e não o objetivo em si.

A relação entre sonho e realização financeira está amparada por três pilares:

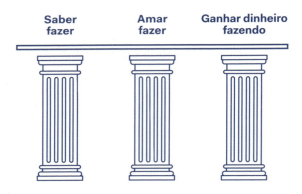

Se fortalecemos apenas um dos pilares, o pilar referente a "ganhar dinheiro", por exemplo, deixamos de cuidar dos outros dois e a estrutura desmorona. Deixamos de lado saberes e sentimentos que fazem parte de nossa essência. Da mesma forma, se fazemos o que amamos, mas não desenvolvemos os conhecimentos necessários para obter renda com essas atividades, não nos sustentamos.

Se você sabe e ama fazer algo, porém não encontrou uma forma de ganhar dinheiro com isso, você sempre será materialmente pobre.

Se ganha dinheiro fazendo algo que não ama, você pode até ser rico, mas será infeliz.

E, se você está tentando ganhar dinheiro com algo que não faz muito bem e nem ao menos o diferencia no mercado, você jamais conseguirá o dinheiro que deseja.

Riqueza com prosperidade é Paixão + Talento + Monetização.

Saber fazer está relacionado aos saberes que adquirimos ao longo da vida e que nos tornaram quem somos, com a nossa capacidade e as nossas habilidades que foram e ainda serão, cada vez mais, aprimoradas. Além disso, quando continuamos estudando, adicionamos mais conhecimento ao que já tínhamos, fazendo surgirem cada vez mais habilidades que estavam escondidas ou que nos eram desconhecidas.

Amar fazer envolve o sentimento que temos em relação a uma atividade. De que adianta saber levantar paredes se não existe amor envolvido nisso? É importante que o amor seja empregado em tudo o que fazemos e em cada gota de suor que sai de nosso corpo. Assim, sempre empregaremos o senso de significado, mesmo no trabalho mais duro.

Esses dois pilares são essenciais para manter o terceiro em pé, pois, sem os dois primeiros, o terceiro não sobrevive. A cada obstáculo que se apresenta enquanto você persegue seus sonhos, é necessário ter motivação para que ele não seja um motivo que faça você parar e recuar. É preciso seguir em frente, e você só conseguirá isso mantendo-se motivado.

Devemos nos manter animados para dar o próximo passo, para recuar e tomar outro caminho, para encurtar processos e, sobretudo, para não desistir. Motivação também é ter esperança, é energizar nosso corpo e nossa mente com sentimentos positivos.

Sem os dois primeiros pilares, podemos afirmar que o terceiro fica ainda mais distante, como um oásis no meio do deserto. Desse modo, correr atrás apenas do dinheiro pode levar a frustrações incontornáveis, que geram sentimentos negativos intransponíveis e acomodações paralisantes. Reflita por um instante: o que aconteceria se você não conseguisse alcançar aquilo que mais deseja? Que tipo de sentimento você acredita que teria?

Esse pensamento sobre os pilares da realização mostra que ter um propósito de vida é fundamental para dar sentido ao enriquecimento sem perder de vista a evolução humana. O dinheiro será merecido quando for resultado de um propósito e, consequentemente, de uma contribuição para o crescimento da sociedade. Se o seu trabalho, além de engrandecer, faz você ganhar dinheiro e ainda provoca uma melhora na sociedade, você consegue vivenciar a prosperidade em sua forma mais plena.

Chegamos, assim, à riqueza como uma dádiva interior. Ser rico envolve, portanto, ter abundância de recursos materiais, mas também ter riqueza emocional e espiritual.

COMO VOCÊ SE RELACIONA COM A RIQUEZA

É possível que você já seja uma pessoa rica e próspera emocional e espiritualmente (e até financeiramente, quando comparado à maioria da população), porém talvez nunca tenha se visto como tal. Dessa forma, vamos mostrar o que verdadeiramente tem uma pessoa com riqueza emocional e espiritual.

Quando você se torna uma pessoa rica no campo das emoções e da espiritualidade, a chance de alcançar a tão desejada riqueza monetária é muito maior, pois essa organização mental focada na evolução pessoal gera mais organização em todos os campos, inclusive no campo financeiro e no desenvolvimento das habilidades relacionadas à área profissional.

É necessário pensar sobre qual energia estamos empregando ao redor do objetivo "ganhar dinheiro."

O dinheiro não tem uma existência isolada, separada de todas as outras coisas do mundo. Ele está sempre relacionado à energia da pessoa que se relaciona com ele. Desse modo, quando buscamos enriquecer mental e emocionalmente, o que temos dentro de nós interfere na forma como usamos nossos recursos.

Qual é a relação que você tem com o dinheiro? Ele é como o seu melhor amigo, com quem você pode contar sempre, nas horas mais difíceis e nos momentos de diversão? Ou ele é seu pior inimigo, que faz você perder noites de sono?

A maneira como lida com a energia do dinheiro também pode mostrar se você está no caminho da riqueza próspera ou não. A seguir, analise as cinco formas de relacionar-se com o dinheiro e veja se alguma delas corresponde ao seu perfil.

1. Você poupa dinheiro, pois não quer esbanjar o que ganha.
2. Não ultrapassa orçamentos, pois tem o planejamento como ferramenta de vida.
3. Satisfaz eventualmente prazeres materiais, pois sabe que merece as coisas de que gosta, embora busque um objetivo maior.
4. Para você, nem tudo gira em torno do dinheiro, pois compreende que ele é apenas mérito de um processo de construção de significado e evolução.
5. Você investe com consciência, uma vez que investir é uma forma de obter retorno, diferentemente de gastar.

1. Você poupa dinheiro, pois não quer esbanjar o que ganha

Uma vida financeira saudável não está apenas relacionada ao quanto você ganha, mas também ao quanto você poupa. Poupar não é apenas um ato de planejamento, é uma forma de ressignificar o dinheiro – quem não poupa pode ter um comportamento esbanjador, focado no orgulho e na tentativa de mostrar ao mundo sua posição social.

Poupar pode mostrar não apenas o quanto você está empenhado em ter recursos financeiros para investimentos no seu propósito de ser milionário, mas também que o dinheiro significa para você mais que *status* social e apego.

2. Não ultrapassa orçamentos, pois tem o planejamento como ferramenta de vida

Uma vida financeira administrada de forma eficaz transparece quando não gastamos tudo o que ganhamos. Talvez seja um caminho a ser percorrido com muitos percalços, mas ele é essencial para atingir a tão sonhada independência financeira. Neste livro, embora tenhamos um modelo de planejamento financeiro no último capítulo, minha intenção é despertar você para a mudança do mindset, mas talvez seja necessário fazer um curso apenas sobre finanças e orçamentos. Vale, no entanto, a dica básica de ter controle de entradas e saídas – atividade que, embora básica, é pouco seguida pelas pessoas.

3. Satisfaz eventualmente prazeres materiais, pois sabe que merece as coisas de que gosta, embora busque um objetivo maior

Talvez você seja uma pessoa que acredita que só vivemos o hoje e que devemos aproveitar cada momento, pois nunca sabemos quando será nosso último dia. O equilíbrio entre o que guardar e o que usar para a satisfação pessoal e o bem-estar são equações que você deve buscar e entender a fronteira, que é absolutamente pessoal.

Abrir mão de certos gastos é essencial para quem tem um objetivo financeiro – deixar de fazer hoje para conseguir, amanhã, realizar algo maior. Mas abdicar de tudo que lhe faz bem durante um longo período pode gerar emoções negativas muito fortes e desgastá-lo no caminho. Logo, eventualmente, é bom comprar algo de que gosta, ou fazer uma pequena viagem, ou atender a um desejo pessoal ou da família, desde que isso não comprometa de modo definitivo suas reservas para investimentos.

4. Para você, nem tudo gira em torno do dinheiro, pois compreende que ele é apenas mérito de um processo de construção de significado e evolução

Um estudo desenvolvido pelo consultor financeiro Thomas Corley, feito com milionários, mostrou que pessoas verdadeiramente ricas perseguiam paixões e não dinheiro. Entende? É essencial, como já dissemos, que você não veja o dinheiro como sua fonte de alegria ou como motivação principal, mas como o resultado da sua parcela de contribuição com a mudança do mundo.

5. Você investe com consciência, uma vez que investir é uma forma de obter retorno, diferentemente de gastar

Um caminho quase natural de quem consegue aumentar a sua renda e lucro é tornar-se um investidor. Investir é diferente de guardar ou poupar. Quando você poupa, o dinheiro está sempre disponível para uso; quando você investe esse dinheiro precisa passar um tempo "longe de você" até que possa resgatá-lo. Ou seja, investir é uma ação que considera o retorno, e isso faz toda a diferença para quem busca prosperidade material.

OS 17 ARQUIVOS DE RIQUEZA PARA TER UMA MENTE MILIONÁRIA

Tudo o que aprendemos, ouvimos, percebemos e absorvemos, consciente ou inconscientemente ao longo da vida, compõe o que podemos chamar de nossas crenças. Essas crenças podem ser engrandecedoras e nos impulsionar a seguir em frente sempre com confiança. Podemos classificá-las também como valores.

No entanto, também há crenças limitadoras, que constroem, metaforicamente, verdadeiros bloqueios e nos impedem de avançar, trilhar o caminho do progresso e da abundância. Muitas delas nós aprendemos com nossos pais, que não podem ser responsabilizados, é claro, pois eles também estão reproduzindo o que ouviram – faz parte da forma como foram ensinados.

Apenas com uma mudança de mindset podemos deixar de lado essas crenças. Para enriquecer, por exemplo, é imprescindível pensar e agir como rico e deixar crenças limitantes e comportamentos sabotadores para trás. Para isso, vamos conhecer alguns dos segredos da riqueza das mentes milionárias, que pensam e agem de forma particular.

A base desses pensamentos é o livro do escritor canadense T. Harv Eker chamado *Os segredos da mente milionária*. Segundo o autor, "enriquecer não diz respeito somente a ficar rico em termos financeiros. É mais do que isso: trata-se da pessoa que você se torna para alcançar esse objetivo".

PESSOAS RICAS DE VERDADE CONTRIBUEM COM O PRÓXIMO. ESSA É UMA FORMA DE ACREDITAR NA LEI DO RETORNO.

Convido você a refletir sobre isso e percorrer o caminho da ressignificação das crenças limitantes, tornando-as crenças libertadoras, passeando pelos "17 Arquivos de Riqueza" ou, como o autor gosta de chamar, os 17 modos de pensar, sentir e agir que distinguem os ricos das outras pessoas. Tomei a liberdade de adaptar, segundo o meu entendimento, esses arquivos, dando a minha contribuição para essa teoria.

ARQUIVO DE RIQUEZA 1
A mente focada na riqueza acredita: "Eu crio a minha própria vida". As demais preferem pensar: "Na minha vida, as coisas acontecem".

No budismo, há um pensamento segundo o qual a realidade é o que construímos. É importante pensarmos que temos o controle de nossa vida nas mãos e que somos nós que decidimos se vamos desligá-la, deixá-la em *stand-by* ou se vamos usá-la de forma proveitosa ou prazerosa. Pessoas que tomam a vida para si e fazem bom uso dela agem em busca da realização dos seus sonhos.

A crença de que as coisas acontecem, ou seja, de que somos passivos e só recebemos e aceitamos o que o mundo nos oferece, limita o campo de visão do sucesso. Essa crença gera o ímpeto de vitimizar-se, de culpar os outros e justificar cada uma das coisas que não dão certo.

ARQUIVO DE RIQUEZA 2
Mentes focadas na riqueza entram em um jogo para ganhar. As demais entram em um jogo para não perder.

Quem entra em um jogo pensando em perder? Que time começa um campeonato pensando em evitar o rebaixamento? Que empreendimento nós começamos pensando apenas em não perder clientes? Mas, sim! Esse tipo de pensamento existe!

Quando começamos algo, precisamos ter convicção de nossa escolha e de que conseguiremos atingir o sucesso mais cedo ou mais tarde. Isso é entrar no jogo sabendo qual será o resultado: a vitória. Não podemos começar algo apenas pensando em não perder porque, já de início, perdemos.

ARQUIVO DE RIQUEZA 3
As mentes focadas na riqueza assumem a busca por serem ricas e prósperas como um compromisso. As demais sonham em ser ricas, mas apenas sonham.

Os sonhos são a nossa escada para o sucesso, são o primeiro passo. Sem sonhos, não há objetivo ou propósito a ser atingido, não há meta a ser alcançada, ou seja, não há motivo para levantar da cama todos os dias, escolher nossa melhor roupa e sair para conquistar o mundo.

Contudo, é preciso ter vontade e assumir um compromisso consigo mesmo de colocá-los em prática e torná-los realidade, porque os sonhos não vão sair da sua cabeça e se realizar sozinhos.

É importante ter sonhos, objetivos, expectativas, contudo, sem a ação, eles se tornam meras ilusões, pequenas narrativas que montamos em nossa cabeça para nos distrair dos afazeres desprazerosos do dia a dia.

ARQUIVO DE RIQUEZA 4
A mente focada na riqueza pensa grande e com ousadia. As demais pensam de forma limitada e tímida.

Quantas vezes você já pensou que precisaria de muitas vidas para realizar tudo aquilo que deseja?

Quantas vezes você pensou que precisaria ter mais horas no seu dia para poder fazer todas as suas coisas?

Isso é pensar grande, é perceber que a grandiosidade do mundo está ao alcance de suas mãos. Além disso, é pensar que uma profissão ou um empreendimento podem ser muito maiores, podem ser agentes de transformação de realidades e de pessoas. Você pode construir um legado a partir do momento em que atingir o sucesso.

Quando pensamos grande, expandimos nossa mente, ampliamos o nosso campo de visão e conseguimos ver onde estão as oportunidades e as possibilidades de que necessitamos. Passamos a ser como um explorador de terras conhecidas, que sabe onde estão os atalhos, as armadilhas e os riachos para se refrescar.

As pessoas cuja mentalidade é pequena veem o mundo rodeados por muros e não encontram alternativas para ultrapassar as paredes.

ARQUIVO DE RIQUEZA 5
A mente focada na riqueza vê oportunidades. As outras veem obstáculos e empecilhos.

Sabe aquela história do copo meio cheio ou meio vazio? Então, ela define bem nossas percepção e visão de mundo.

Quando encaramos os obstáculos que a vida nos oferece sob o ponto de vista do copo meio vazio, vemos apenas as coisas que podem dar errado se não conseguirmos superá-las e os empecilhos que nos impedem de seguir adiante com nossos sonhos. No entanto, quando a vida apresenta obstáculos para as pessoas com mentalidade rica, elas os enxergam como desafios e oportunidades para se tornarem ainda mais bem-sucedidas.

Por exemplo: quando temos o sonho de abrir o nosso próprio negócio, fazemos todo um prospecto, um estudo de mercado e vemos qual é a melhor opção. Se, por acaso, o nosso sonho for abrir um restaurante de comida mexicana em um local em que já existem muitos restaurantes desse tipo, uma pessoa de mentalidade pobre verá apenas o concorrente com o qual precisará lidar. Já uma pessoa com mentalidade rica verá uma oportunidade de mostrar algo que só ela pode oferecer.

ARQUIVO DE RIQUEZA 6
A mente focada na riqueza se espelha em modelos de pessoas bem-sucedidas. As demais criticam todos os que conseguem chegar a algum lugar melhor do que aquele onde elas estão.

Todas as pessoas que passam pela nossa vida nos ensinam algo, bom ou negativo. Cabe a nós saber o que é mais proveitoso e inspirador. As pessoas que nos inspiram a seguir em frente, a sermos melhores o tempo todo, são as que teremos como modelo.

As pessoas cuja mentalidade é focada na limitação costumam ter os olhos viciados na inveja e na desconfiança quando veem alguém rico, pois acreditam que a riqueza é fruto de desonestidade ou ganância profunda. Já as pessoas cuja mentalidade é focada na riqueza buscam nos indivíduos ricos inspiração e bons exemplos.

Há uma coisa que devemos levar em consideração quando vemos alguém rico: que o dinheiro apenas potencializa o caráter de alguém. Se a pessoa for boa, a riqueza não mudará seus valores nem suas atitudes. O contrário também é válido.

Precisamos admirar as pessoas que chegaram aonde queriam por meio de seu próprio esforço, pois elas podem ter algo a nos ensinar.

ARQUIVO DE RIQUEZA 7
As pessoas ricas buscam a companhia de pessoas que lhes acrescentem algo. As demais mal percebem quando estão em companhia de pessoas negativas e vazias.

As pessoas são muito importantes, pois somos seres relacionais. Influenciamos e somos influenciados, tanto pelas pessoas que nos inspiram como pelas que mantemos ao nosso lado.

Há pessoas que se mantêm na companhia de outras pouco evoluídas por medo de ficarem sozinhas. Já as pessoas de mentalidade rica cercam-se de indivíduos positivos, que deixam as reclamações de lado e focam apenas em seus objetivos e em como alcançá-los. As vitórias dos outros são como uma injeção de ânimo que a pessoa de mentalidade rica recebe para continuar lutando.

ARQUIVO DE RIQUEZA 8
A mente focada na riqueza busca fazer seu marketing pessoal. As demais não sabem e não se importam com a autopromoção.

A autopromoção é vital para o sucesso nos negócios, pois é uma forma de sermos vistos. Por meio dela, demonstramos ter confiança e sabedoria, podemos mostrar tudo aquilo que sabemos e, ainda, o que buscamos.

ARQUIVO DE RIQUEZA 9
As mentes focadas na riqueza se veem maiores do que os problemas. As demais veem os problemas grandes demais.

As pessoas de mentalidade rica gostam de se promover, de falar sobre seus interesses, de exaltar seus pontos fortes. Já as pessoas de mentalidade pobre acreditam que autopromoção consiste em exaltar o ego e se gabar e acabam invejando aqueles que se comportam dessa maneira, vendo-os como pedantes e convencidos.

Davi contra Golias: essa é a imagem símbolo de nós mesmos contra os nossos problemas. Nossos problemas são Golias, muitas vezes grandes e com poder para nos derrotar. Nós somos Davi, aquele que busca ter coragem suficiente para superar o gigante.

Uma pessoa de mentalidade limitada nem tentaria enfrentar Golias, pois ela se enxerga muito menor que os problemas e sem a capacidade para superá-los. Uma pessoa de mentalidade rica encara os problemas de frente, sem hesitação, pois sabe que tirará uma grande lição deles, que vai crescer e aprimorar-se com eles.

Ter sucesso pode não ser fácil, pois haverá muitos problemas e obstáculos pelo caminho e é preciso força para vencê-los. Por isso, é necessário ter uma mentalidade rica para superá-los e aprender com eles.

ARQUIVO DE RIQUEZA 10
As pessoas ricas sabem receber e acreditam em seu mérito. As demais são péssimas recebedoras.

Já recebeu um elogio e ficou sem jeito, acreditando que não o merece? Ou até mesmo aquele bônus que veio na hora certa para reformar a sua casa, do qual, mesmo assim, você acredita que não precisava e que nem fez um trabalho bom para merecê-lo? Já refletiu se você é do tipo de pessoa que recebe bem o que o mundo lhe oferece ou se é do tipo que rejeita por acreditar não ser merecedora?

As pessoas de mentalidade limitada se veem em baixa conta, não têm confiança, são inseguras, portanto não enxergam suas qualidades. Dessa forma, quando algo de bom lhes acontece (uma promoção, um aumento, um elogio por um trabalho bem-feito), tais indivíduos o rejeitam e sentem-se culpados.

Isso não ocorre com uma pessoa de mentalidade rica, porque, com sua confiança e segurança sem limites, ela se vê merecedora de todas as oportunidades conquistadas, de todo reconhecimento ou elogio recebido, de tudo aquilo que recebe de positivo.

Além disso, há uma distinção muito grande quando recebem algo negativo. Alguns acreditam que seja um sinal do universo, e procuram culpados e destilam julgamentos. As pessoas cuja mentalidade é direcionada à riqueza aceitam o negativo de braços abertos e o enxergam como uma possibilidade de aprendizado.

ARQUIVO DE RIQUEZA 11
As mentes focadas na riqueza preferem ser remuneradas por seus resultados. As demais preferem ser remuneradas pelo tempo que despendem.

Quantas vezes você ouviu (ou até mesmo disse) que precisava ganhar mais porque trabalhava bastante, não tinha mais tempo para fazer outra coisa, encontrar os amigos ou brincar com os filhos?

Contudo, será que não estamos desejando o aumento apenas pela quantidade de horas que trabalhamos e não pelo produto final que entregamos? As pessoas com mentalidade limitada querem ser pagas pelas horas que trabalham e não pelo resultado de seu trabalho. As pessoas com a mentalidade oposta também querem o oposto: receber pelo produto final.

Quando trabalhamos e entregamos um bom produto final, ganhamos mais que apenas pelas horas. No entanto, se trabalhamos e, no fim, não entregamos algo que possa mudar a vida dos outros, qual foi o motivo para tanto esforço?

ARQUIVO DE RIQUEZA 12
As mentes focadas na riqueza pensam: "quero e posso ter as duas coisas". As demais pensam: "quero... mas só posso ter uma coisa ou outra".

Uma das crenças que podem limitar o nosso caminho em direção ao sucesso é acreditar que, para termos sucesso, precisamos abrir mão de algo. Por exemplo, trabalhar muito significa ficar muito tempo fora de casa, o que nos dá a ideia de que não podemos ter uma família ou relacionamentos estáveis.

E quem disse que você não pode ter uma família só porque deseja alcançar o sucesso? Não precisamos abrir mão de nada para ter liberdade e independência financeira. Todos os nossos sonhos podem ser alcançados e mantidos ao mesmo tempo; é necessário apenas empreender em algo que permita que todos eles sejam possíveis.

ARQUIVO DE RIQUEZA 13
As mentes focadas na riqueza pensam em patrimônio de forma ampla. As demais focalizam o rendimento mensal.

Pensar grande é também ir além no que diz respeito aos rendimentos. As pessoas de mentalidade limitada contam o dinheiro e ainda aguardam ansiosamente o dia do pagamento para conseguir pagar as contas e comprar alguma coisa.

Que sentimentos surgem da necessidade de contar o dinheiro no final de mês? Quando você não precisará mais aguardar ansiosamente o próximo salário?

As pessoas com mentalidade focada na riqueza não pensam no rendimento mensal, e sim no patrimônio líquido, que é a diferença entre os valores ativos e passivos. Os valores ativos são os bens e direitos, e o valor passivo nasce das obrigações.

Quando pensamos no patrimônio líquido, o que vem à mente é manter as contas no azul. Já o rendimento mensal, quando acaba, pode nos deixar com as contas no vermelho.

ARQUIVO DE RIQUEZA 14
As mentes focadas na riqueza administram extraordinariamente bem o dinheiro. As demais o administram mal.

Será que você administra mal o seu dinheiro? Se conta os dias para o fim do mês, muito provavelmente você está administrando mal o seu dinheiro.

Quando administramos bem o que ganhamos, conseguimos nos manter durante todo o mês, e ainda conseguimos investir, poupar e simplificar nosso estilo de vida, evitando gastos exagerados e desnecessários. Esses são hábitos positivos em relação às finanças.

Algumas pessoas vão na contramão dessa lógica, gastando mais do que deveriam com coisas desnecessárias e supérfluas que servirão apenas para suprir uma necessidade momentânea, mas que não têm efeito duradouro.

É importante ver o dinheiro como um aliado, não como inimigo do sucesso. O dinheiro é o resultado natural de cada esforço e suor. Portanto, por que gastar tudo de uma vez se você pode aproveitar seu dinheiro por muito mais tempo?

ARQUIVO DE RIQUEZA 15
As mentes focadas na riqueza atraem oportunidades de ganhar dinheiro. As demais ficam paradas esperando elas surgirem.

Trazemos para a vida adulta a crença de que precisamos trabalhar duro para ganhar dinheiro, o que é algo difícil, árduo, que exige sacrifícios e dores.

Muitos dos que pensam assim acreditam que o dinheiro vem acompanhado de horas de trabalho além do horário, de sono perdido, muito estresse e dor de cabeça. Além disso, tais pessoas pensam que precisarão manter esse ritmo para o resto da vida. Esses indivíduos são os que possuem uma mentalidade pobre.

No sentido contrário estão aqueles que acreditam que trabalhar duro faz parte da vida, mas que isso não durará muito tempo. O trabalho é visto como um meio que gerará frutos e possibilitará tranquilidade no futuro, quando será possível contratar pessoas para trabalhar para eles.

É essencial salientar que ter pessoas trabalhando para você não significa ter menos responsabilidade, mas já se torna um indicador de mudança de patamar.

ARQUIVO DE RIQUEZA 16
As mentes focadas na riqueza controlam o medo e agem com inteligência. As demais são paralisadas pelo medo e simplesmente não agem.

Temos de viver apesar de todos os medos, e esse ensinamento vale para todas as pessoas, não apenas para os empreendedores, donos de empresas ou aqueles que buscam um trabalho bem-sucedido.

Não empreendemos por causa da segurança, porque queremos, antes de tudo, ganhar dinheiro ou pagar as contas. Ter um empreendimento é resolver e solucionar problemas, é pôr em ação um propósito de vida, é ajudar as pessoas. Será que isso tudo não é maior que os nossos medos?

Quando sentimos medo e bate aquela dúvida (será que devemos mudar radicalmente de área e investir tudo o que temos?), precisamos agir. Deixar o medo nos paralisar é um impeditivo da riqueza.

Seus sonhos são muito maiores que os seus medos.

ARQUIVO DE RIQUEZA 17
As mentes focadas na riqueza aprendem e se aperfeiçoam o tempo todo. As demais acreditam que já sabem tudo ou que o que sabem ja é suficiente.

A mentalidade limitada, antes de mais nada, prejudica o campo de visão, fazendo nossos olhos estarem sempre voltados para o próprio umbigo. As pessoas com essa mentalidade acreditam que estão sempre certas e põem a culpa da não instrução e do não aprimoramento pessoal e profissional na falta de dinheiro e de tempo. Se algo dá errado, elas atribuem isso ao acaso e à sorte, nunca a si mesmas. É perigoso dizer "eu já sei".

Ter uma mentalidade rica é estar sempre disposto a aprender e a investir nos desenvolvimentos pessoal e profissional. Isso pode ser feito com estudos e leituras contínuos, assistindo a palestras e a vídeos e tendo conversas com pessoas interessantes e bem-sucedidas.

Podemos aprender muita coisa em todos os lugares; basta mantermos nossa mente aberta para toda a infinidade de informações que o universo oferece. Além disso, se quisermos aprender algo novo, podemos fazê-lo: basta ter a força de vontade necessária para meter a cara nos estudos.

É indispensável saber que a riqueza crescerá na mesma medida do nosso crescimento. A evolução pessoal é condição imprescindível para a riqueza próspera.

Com essas 17 chaves, podemos ressignificar as crenças limitantes que carregamos desde o princípio da nossa criação, incorporando novas percepções e visões de mundo. Isso será essencial para realizarmos nossos sonhos e atingirmos o sucesso.

Você está pronto para colocar em prática os 17 Arquivos de Riqueza?

6

ALCANÇANDO OBJETIVOS FINANCEIROS E GERANDO RIQUEZA NO MUNDO

Todo o movimento de conexão com o estado interior de graça, que gera positividade, abundância e prosperidade, forma-se como o primeiro passo dado rumo a alcançar nossos objetivos, sobretudo os financeiros. Mas, para que a meta de ter um milhão de reais na conta bancária (ou o equivalente ao valor que você deseja juntar) se concretize, é necessário que a mente focada na riqueza seja auxiliada por estratégias de planejamento.

Não estou falando de nada muito complexo, que só possa ser executado por alguém da área financeira. Falo de aprender a pensar como rico, e também de lidar com o dinheiro de forma mais saudável. Uma coisa está ligada à outra, pois, ao passo que a sua mente se reconfigura, seus hábitos também mudam, e é aí que os conhecimentos de planejamento financeiro parecem necessários.

Todo planejamento financeiro considera algo básico, que é a relação entre o que se ganha e o que se gasta. Mas há uma variável importante: o que se investe da parte que se ganha.

Investir é parte básica do mindset milionário, ou seja, pensar que é possível ter retorno de um dinheiro que, aparente e momentaneamente, saiu das suas mãos. Um exemplo simples é o de uma pessoa que quer muito mudar seu *status* financeiro, mas, aos 40 anos de idade, tem apenas o ensino médio completo. É claro que formação superior não é garantia de saúde financeira; conheço muita gente que, com menos do que a educação básica, conseguiu grandes fortunas. Talvez isso seja fruto da crença de que cursar uma faculdade não gera lucro, mas sim despesa, que pode ser modificada pela crença de que um curso superior, uma pós-graduação ou um mestrado são investimentos que farão a sua hora de trabalho ser muito mais valorizada no mercado, além da legitimidade que isso pode conferir a você como profissional (construção de autoridade).

A relação investimento/despesa precisa ser bem trabalhada para que você lide com suas finanças de modo que elas rendam e o levem aonde você deseja.

MENOS VAIDADE, MAIS DINHEIRO

A vaidade é uma característica que faz parte da natureza humana. Em certa medida, todos experimentamos o prazer de nos distinguir dos demais, de nos sentirmos valorizados, aprovados e admirados. Mas, se analisarmos mais a fundo, podemos perceber que a vaidade tem a ver com o sentimento de inferioridade – por sentir-se inferior, o vaidoso tem necessidade de ser aceito pelos outros, e geralmente busca aceitação por meio de bens materiais.

A vaidade é, por definição, algo vazio, vão, alicerçado no vácuo. A vaidade é aparência e aparência é ilusão, não realidade. O vaidoso está inclinado a conseguir a aprovação das pessoas, por isso se esforça por atender a todas as expectativas sociais, buscando uma imagem que em nada condiz com a sua verdade interior.

A mente milionária pensa em se satisfazer, mas nunca em se exibir. O foco no autoconhecimento e nos próprios objetivos tira o foco das pressões sociais que exigem de nós o carro X, o apartamento no bairro Y e a viagem anual ao exterior. Veja que aqui não estou falando de sonhos, que podem e devem ser realizados; estou falando sobre o quanto a nossa mente trabalha para nós ou para o mundo.

A vaidade é um grande problema para quem busca enriquecer. A vaidade nos faz querer mostrar o que temos e o que conquistamos. Ela tira nosso foco do objetivo principal, e, às vezes, o objetivo principal passa a ser apenas se exibir. Nesse caso, deixamos de atrair riqueza com prosperidade e o dinheiro deixa de ser uma solução e passa a ser parte dos problemas.

Na vaidade, criamos o estado interno de sofrimento, pois a vaidade se baseia na comparação. Quando não conseguimos acompanhar as pessoas nos "bens" da moda, como o celular do momento, sofremos. Esse sofrimento nos faz querer mais dinheiro, contudo pelo motivo errado.

Alguns capítulos atrás, vimos que o propósito de vida é mais importante do que o ganho monetário em si e que ser rico é também um estado de espírito. Partindo desse princípio, entendemos que a riqueza é a prosperidade que parte de dentro para fora, é um estado de alma e, como tal, não pode estar submetida à vaidade, à busca por demonstrar uma situação externa enquanto internamente habita o vazio. A riqueza é consequência de um estado de consciência superior e não pode estar sujeita à mera exibição. Existe um universo além do que vemos.

Se a sua mente funciona dentro de padrões que buscam apenas atender ao que se espera de você – como o carro que você dirige, o lugar em que você mora, a faculdade em que você estuda, o celular que você usa –, talvez você precise repensar as suas motivações para se conectar à riqueza. Enquanto as suas motivações forem superficiais, você encontrará mais dificuldades do que sucesso. Não se trata, portanto, apenas de ter, contudo, principal e imprescindivelmente, de ser – sabendo que o *ser* atrai o *ter* na medida da evolução pessoal/espiritual.

O dinheiro é consequência da prosperidade e não sua causa. Se você se move apenas pelo dinheiro, você quer ser rico para se mostrar para os outros. Mas, quando tem um propósito maior e não valoriza apenas a aparência, o dinheiro torna-se a recompensa natural pelo seu crescimento pessoal.

Quanto menos você se importar em ter para exibir, mais sucesso financeiro virá, como uma das consequências de um estado interior rico e próspero. E, quanto mais você se conectar com esse estado interior, menos obstáculos e frustrações encontrará no seu caminho rumo à riqueza.

Quanto menos vaidade, menos necessidade de gastar dinheiro com o supérfluo. Quanto menos vaidade, mais essência e menos aparência. Logo, quanto menos vaidade, mais dinheiro.

CRENÇAS SOBRE DINHEIRO

Todos nós desejamos prosperidade e abundância em nossa vida. Entretanto, essas palavras, ao longo do tempo, ficaram um pouco distorcidas na percepção geral, pois são atribuídas e conectadas apenas ao dinheiro.

O dinheiro é um importante meio pelo qual podemos alcançar o que desejamos ou necessitamos. Ele é, de fato, uma energia como todas as outras energias que existem no mundo. Da mesma forma que pode atrair para si, a partir do seu padrão mental, a tristeza e a raiva, você pode atrair para si a riqueza e a prosperidade – dinheiro.

O dinheiro pode nos dar mais dignidade e pode ser um componente de nossa felicidade, mas ele não é um fim, como venho enfatizando. Não é somente pelo capital e por seu valor agregado que verdadeiramente seremos felizes. Da mesma maneira, não deve ser considerado um mal. Ele é necessário e, se o utilizarmos com sabedoria, pode facilitar a aquisição de recursos para nossa vida e para aqueles que fazem parte de nosso sistema.

Você já parou para refletir sobre a sua relação com o dinheiro? Consegue compreender como a prosperidade e abundância não dizem respeito apenas a posses? Quais são as suas crenças sobre esse tipo de riqueza? Você enxerga o dinheiro como algo positivo ou negativo? Na sua percepção, aqueles que buscam a fortuna são avarentos? Por que você acredita possuir essas crenças sobre o dinheiro?

- Você acredita que controla o dinheiro ou que ele controla você?

- A sua vida financeira é equilibrada?

- Você acredita que, por meio do capital, conseguirá alcançar tudo o que deseja?

- Qual é a sensação que você tem ao gastar mais do que acredita que deveria gastar?

- A longo prazo, você acredita que seu comportamento financeiro terá mais consequências negativas ou positivas?

Essas perguntas contribuem para a reflexão acerca de suas crenças sobre o dinheiro, a fim de que você reflita se elas contribuem ou prejudicam a sua busca por crescimento. As crenças são verdades individuais, o conjunto de tudo em que acreditamos e que é verdade para o nosso sistema cognitivo.

O dinheiro não é um ser. Ele não é bom nem mau, não deseja nem age. Desse modo, verdadeiramente não tem poder algum. O dinheiro é só papel e metal, e o seu valor é abstrato. É por essa razão que há moedas de alguns países, como o dólar americano, que valem mais que outras. É o valor significativo atribuído a essa moeda pelo mercado e pela decisão de algumas pessoas.

Assim também é a nossa relação com o dinheiro. Ele não passa de um pedaço de papel colorido. O que você decide fazer com o dinheiro determinará o poder que ele exerce em sua existência.

As crenças que temos determinam nossos comportamentos, resultados, decisões, a forma como enxergamos o mundo, a percepção sobre nós mesmos e sobre as coisas. Por isso é tão importante ficar atento e, por meio do autoconhecimento profundo, descobrir e entender a origem dessas crenças.

Se, por exemplo, você tem crenças limitantes sobre o dinheiro, seus comportamentos poderão conduzi-lo à instabilidade financeira. Se você faz do dinheiro a coisa mais importante da sua vida, a razão pela qual você acorda todas as manhãs, se o persegue desesperadamente, se acredita que ter mais dinheiro é o principal meio para ser mais feliz, a sua mente pode diminuir a importância de todas as outras coisas, inclusive a da família.

O DINHEIRO É
CONSEQUÊNCIA DA
PROSPERIDADE, NÃO
A SUA CAUSA.

Se acredita que gastar sem consciência, desenfreadamente, não traz problema algum, afinal de contas o dinheiro serve exatamente para isso, você também tem crenças limitantes sobre o dinheiro e, da mesma forma, acabará por ter atitudes que podem ser nocivas à sua vida.

Para que você verdadeiramente possa eliminar crenças limitantes, busque identificá-las de maneira consciente. Pergunte-se: "Quais são os meus comportamentos em relação ao dinheiro? Tais comportamentos me trazem mais consequências negativas ou positivas? Qual é a origem dessas crenças? Eu sou capaz de mudá-las?".

À medida que for encontrando dentro de si as respostas para esses questionamentos, você perceberá claramente mudanças em sua vida e novas crenças se formando, substituindo aquelas que antes traziam limitações. A essas novas crenças damos o nome de **crenças fortalecedoras**.

As crenças fortalecedoras são ideias positivas que nos empoderam, que nos fazem pensar e enxergar a nossa realidade de maneira positiva. Desse modo, passamos a acreditar mais em nós mesmos, em nossa capacidade, e agimos em direção ao que desejamos conquistar, colocando em ação todo o potencial que temos.

Esse tipo de crença nos impulsiona e fortalece a autoestima e a confiança. Acreditamos em nossa força interior, aptidão e merecimento para alcançar metas e sonhos. Sabemos que somos merecedores da abundância e prosperidade, trabalhamos para isso e ficamos abertos para os desígnios positivos que o universo nos oferece.

Quando temos crenças negativas e desejamos remoldá-las, é necessário saber que as crenças negativas estão arraigadas em nossa psique, mas que a mente consciente tem um papel fundamental nessas percepções.

Isso significa que a partir da mente consciente podemos fazer certas escolhas. Podemos decidir pensar positivamente, e essa mudança de estrutura de pensamento certamente impactará profundamente nossa vida.

Acreditar que a vida não está indo bem, que nada parece funcionar e que é impossível mudar só fará com que nada mude realmente. Para que uma mudança efetiva aconteça em nosso mundo externo, devemos modificar a estrutura do mundo dentro de nós.

Algumas das crenças mais comuns que temos sobre o dinheiro são as de que "ele compra tudo" e que, se uma pessoa não o tem, ela não é nada. Esse é um pensamento equivocado e julgador, porque o valor de uma pessoa não deve ser mensurado pela quantidade de dinheiro que ela possui.

Uma pessoa bem-sucedida é apaixonada pelo que faz e contagia a todos com sua energia positiva, espalhando amor e compartilhando com os que estão à sua volta mais de sua prosperidade e abundância.

Desejar e empenhar-se para ter dinheiro não é errado, mas apenas se o significado dessa riqueza não for o orgulho, a avareza e outras emoções que não atraem a prosperidade. Você percebe que, para alcançar mais Prosperidade e Abundância, sejam elas financeiras ou não, é preciso acreditar em si mesmo, em sua capacidade e em seu merecimento?

Avalie o significado do dinheiro em sua existência e elabore um planejamento para ajudá-lo a encontrar o ponto de equilíbrio financeiro em sua vida. Nem sempre o bem mais valioso que você possui pode ser comprado; muitas vezes, ele só precisa ser percebido.

EXERCÍCIO

Quanto você ganha hoje, somando seu salário fixo e todas as outras rendas que possui? (Um exemplo: R$ 3.000,00.) Agora, multiplique esse valor por 5 (R$ 15.000,00, no exemplo.) Você acha que o valor resultante é muito dinheiro? Sim? Não? Por quê?

_____

_____

_____

_____

O que é muito e o que é pouco dinheiro para você?

_____

_____

_____

Como são as pessoas que, na sua visão, ganham "muito" dinheiro? Você se vê como elas?

_____

_____

_____

_____

Você costuma elogiar ou criticar as pessoas que ganham muito dinheiro?

_____

_____

_____

_____

Por que você quer ter muito dinheiro? Que tipo de pessoa você será quando quintuplicar sua renda?

_____

_____

_____

_____

CONSCIÊNCIA FINANCEIRA EM 7 PASSOS

O Instituto Brasileiro de Coaching (IBC) trabalha e ensina o conceito da Pirâmide da Teoria dos 7 Níveis Evolutivos. Ela determina os 7 níveis de ascendência de um estado mais superficial até um estado profundo de evolução, sendo este último o legado, o momento em que entendemos que a nossa vida é maior que a nossa existência e, mais que apenas passar os dias até o desencarne, vivemos em busca de impactar o mundo.

Os 7 níveis evolutivos são a base epistemológica de muitas das teorias e ferramentas que o coaching utiliza, sobretudo o coaching que construímos no IBC. Partindo desse pressuposto, os 7 níveis também serviram como base para pensar nos 7 Passos da Consciência Financeira. Observe que, mais uma vez, partiremos de uma construção que começa na consciência.

Os 7 Passos da Consciência Financeira estão profundamente conectados a todos os ensinamentos que venho compartilhando desde o primeiro capítulo deste livro, mas ele atravessa o portal da educação financeira. Lembre-se de que estamos lidando com a mente humana, com o mindset, ou seja, com padrões mentais. Mudar as crenças sobre o dinheiro é fundamental, contudo é necessário também estudar sobre finanças – uma mente que não tem conhecimento não pode se tornar expert em nada.

Partimos, portanto, do cognitivo, que é o estágio mais superficial. Vamos adentrar questões mais burocráticas, mas não menos intensas e impactantes. Esse é o tipo de conteúdo que, mais que ajudá-lo a crescer financeiramente, irá ajudá-lo a gerir o que você já tem sem retroagir.

Manter-se rico é mais complexo que alcançar a riqueza. Vamos então aos 7 Passos da Consciência Financeira:

7º Legado

6º Suas relações

5º Senso dos papéis

4º Propósitos e sonhos

3º Conhecimentos e interesses

2º Inventário comportamental

1º *Status* financeiro

1º passo – Consciência do *status* financeiro atual

Para reconhecer a amplitude da sua consciência financeira, é necessário identificar qual é a clareza que você tem do estado atual do seu patrimônio. Não adianta saber aonde você quer chegar sem entender de onde está partindo: é o famoso estado atual e o estado desejado que costumamos abordar nos processos de coaching. Entenda as suas finanças atuais e o seu patrimônio, por menor que ele seja.

- Faça um mapeamento recente. Qual foi o valor exato de seus ganhos no mês passado?
- E quanto aos seus gastos, qual foi o valor exato no mês passado?
- Como você controla a sua movimentação financeira? Você tem alguma planilha de gastos? Há regras e limites que você determina a si mesmo?
- Você direciona parte dos seus ganhos a algum investimento ou reserva de emergência? Em caso afirmativo, qual? Qual é a rentabilidade?
- Você tem dependentes?

Se, ao responder a essas perguntas, você compreender que seu *status* financeiro é muito ruim, não desista nem alimente emoções negativas. É impossível modificar uma situação sem encará-la de frente. Encarar os fatos é o princípio do processo, e não há segundo passo sem antes dar o primeiro.

Acredite: todos nós erramos financeiramente alguma vez na vida. Eu já tive empresas que deram prejuízo, e, hoje, tenho uma das empresas que mais crescem no país. Aprendi para um dia ensinar, para que tomassem minha experiência como exemplo. Foi a minha mudança de mindset que me trouxe aonde estou hoje.

2º passo – Faça um inventário comportamental

Muitas vezes, a modificação do pensamento sobre o dinheiro exige uma mudança drástica de comportamento em relação ao dinheiro. Para isso, o nosso comportamento e a nossa personalidade precisam ser compreendidos.

Todos nós temos características e habilidades. Essas qualidades, somadas às nossas crenças, constroem a nossa personalidade e o nosso comportamento.

- Como você define o seu comportamento quanto ao controle de seus recursos financeiros?
- Você racionaliza o uso do seu dinheiro ou é absolutamente emocional e impulsivo? (Fique tranquilo, pois, mesmo que seja emocional e impulsivo, há formas de lidar bem com as finanças. Você não precisa deixar de ser quem é, precisa apenas se conhecer melhor para ter as melhores ferramentas.)
- Você se arrepende com frequência das compras que faz? Ou se arrepende de não ter comprado algo que queria muito?
- Você faz conta de centavos ao dividir uma despesa e calcula os centavos de taxas e impostos?
- Como você lida com as suas emoções? Como acha que é visto pelos outros?
- Qual é a clareza que você tem de seu perfil comportamental?
- O que você gostaria de mudar no seu comportamento financeiro? Como faria isso?

Se considera que é muito emocional ao lidar com seu dinheiro, reserve uma quantia para um dia de compras ou para uma compra pela emoção, aquele dia em que você vê algo que "não pode voltar para casa sem". Assim, você terá a sensação de não estar sendo limado da vida financeira, mas também estará limitado para não comprometer os seus planos.

AS PESSOAS MAIS
BEM-SUCEDIDAS SÃO
APAIXONADAS PELO
QUE FAZEM E DESSA
MANEIRA CONTAGIAM
A TODOS COM SUA
ENERGIA POSITIVA.

3º passo – Meça seus conhecimentos e interesses sobre finanças

Pode ser que você nunca tenha se interessado pelo assunto finanças. Pode ser que você sempre tenha sido muito feliz com a situação financeira familiar e apenas recentemente despertou para o desejo de ir além no que tange à prosperidade econômica. Mas perceba que todo interesse deve incentivar o conhecimento: pesquisas e mais pesquisas, leituras e mais leituras.

- Quais conhecimentos você tem que se aplicam à sua vida financeira? Você fez algum curso, faculdade ou leu algum livro específico sobre finanças?
- De onde vem o interesse em se tornar mais próspero financeiramente? Esse desejo nasceu dentro ou fora de você? É natural ou é uma pressão social?
- Desde que despertou para esse assunto, onde você tem buscado referências?
- Você tem acompanhado algum digital influencer? Quais são os seus modelos na busca pelo caminho de ser milionário?
- Quais são os seus principais recursos internos (habilidades, pontos fortes, comportamentos positivos etc.)?
- O que você aprendeu sobre dinheiro em sua vida até hoje?

Se está lendo este livro – e talvez tenha participado do nosso evento de alto impacto –, você já despertou seu interesse e já está em busca do conhecimento. Qual será o próximo passo? A partir daqui, que outros caminhos você percorrerá? Esse passo diferencia o momento de maior interiorização do de maior expansão, que vai do movimento de crenças e valores até o legado.

4º passo – Tenha clareza dos seus propósitos e dos seus sonhos

Quando pensamos em dinheiro, em geral, temos bem claro em nossa mente o que queremos dele. Com frequência, temos desejos, sonhamos com conforto e com coisas que nos dão prazer: casa, carros, viagens. Observe que há dois caminhos: o caminho da ostentação, do orgulho e da avareza e o caminho da prosperidade e abundância. Não é possível caminhar nas duas direções com a mesma atitude.

O segundo passo de uma consciência financeira é alinhar os sonhos aos propósitos. Isto é: você tem o propósito de ser rico, tem metas e objetivos a cumprir. Então, quais dos seus sonhos se alinham aos seus propósitos?

- Qual é o seu maior sonho que, para ser realizado, demandaria mais recursos financeiros do que os que você possui hoje?
- Você acredita que os seus sonhos têm alguma ligação com a sua evolução pessoal, profissional, espiritual ou causam algum impacto positivo no mundo ou nas pessoas próximas?
- O que o move? O que o motiva? O que faz você acordar todos os dias e levantar da cama?
- Quais são os seus principais valores? (O que você considera importante em sua vida?)
- Qual é a origem desses valores? (Identifique se a origem está em seus pais, escola, amigos, religião, mídia etc.)
- Quais são as suas prioridades na vida?
- Como é o seu estilo de vida? Os seus recursos financeiros sustentam esse estilo?
- Como você quer que seja o seu estilo de vida daqui a cinco anos?
- Seus sonhos relacionados ao dinheiro têm mudado conforme você se aproxima da melhor versão de si mesmo?

O propósito é o que dá sentido e direção à nossa vida, e, para a vida financeira, também se deve ter um propósito. Não acredite que o propósito é racional enquanto o sonho é lúdico e caminha em outra direção. Propósito e sonho são coisas absolutamente congruentes, até porque todo sonho é uma possibilidade.

5º passo – Senso dos papéis

Na Pirâmide dos Níveis Evolutivos, o nível dos papéis nos faz reconhecer as nossas diversas funções no mundo. Há papéis dos quais não podemos nos furtar, como o de sermos filhos, mas há outros que assumimos por vontade, como a profissão que escolhemos ou quando nos casamos ou não. De uma forma ou de outra, nossos papéis envolvem a nossa vida financeira, sendo que alguns geram renda, outros geram despesas e/ou investimentos.

Faz-se mais que necessário entender nossos papéis e como eles impactam nossas finanças. Conhecer os papéis que assumimos pode contribuir para uma melhor gestão do que ganhamos e do que gastamos. Responda:

- Quem é você?
- Você consegue enumerar todos os papéis que exerce no mundo?
- Com a clareza sobre os seus papéis (pai/mãe, filho(a), empresário(a), funcionário(a) etc.), quais são as missões que você tem ao desempenhar cada um deles? (Por exemplo, como pai/mãe, você tem o dever de garantir uma boa educação para seus filhos etc.)
- Quais dos seus papéis envolvem o ganho de dinheiro?
- Qual é o seu principal papel? Qual é o menos significativo? Eles podem, de alguma forma, ser potencializados? Como?
- Quais dos seus papéis envolvem gastos?
- Qual dos seus papéis envolve mais gasto de dinheiro? Como esse papel pode ser repensado na sua estratégia financeira?
- Você acredita que precisa assumir algum novo papel ou deixar um dos papéis atuais para alcançar suas metas? Em caso afirmativo, qual? Por quê?

É importantíssimo investigar quais são os seus papéis no mundo. O exercício de enumerar os seus papéis talvez desperte um insight muito poderoso sobre como gastar menos ou como ganhar mais. Ou, talvez, sobre como investir melhor. Mudar de profissão, ter uma segunda fonte de renda, ajustar a participação da família nas despesas, tudo envolve o entendimento claro de seus papéis no mundo.

6º passo – Avalie suas relações

Tempos atrás era comum ouvir de pais e avós o ditado "diga-me com quem andas e eu te direi quem és". Claro que há vários motivos para não tomarmos esse provérbio como verdade absoluta, mas, de qualquer forma, é verdade que influenciamos e somos influenciados o tempo todo. Nesse sentido, o norte-americano Jim Rohn cunhou a afirmativa que ficou popular no empreendedorismo e na administração: "Você é a média das cinco pessoas com quem mais convive".

É importante que entendamos a forma como as pessoas com quem nos relacionamos influenciam o nosso planejamento financeiro. É importante saber quais são os "modelos" de pessoas bem-sucedidas que você segue, seus modos de vida, seus empreendimentos, sua relação com a prosperidade do mundo e seus valores.

- Quais são as pessoas que, pelo sucesso financeiro, o inspiram? O que você admira nelas?
- E seus amigos mais próximos? Qual deles você considera ser o melhor exemplo na lida com as finanças? Por quê?
- A respeito do dinheiro, quais são os três assuntos positivos mais frequentes em suas conversas? E os três negativos?
- Nas conversas com pessoas próximas, quais assuntos relacionados a dinheiro são mais frequentes? As experiências compartilhadas são mais positivas ou negativas?
- Ao fim das conversas, o que você costuma levar para si? Soluções ou frustrações?
- Qual pessoa de sua convivência tem um controle financeiro pessoal exemplar? O que você gostaria de aprender com essa pessoa?

Uma consciência financeira precisa de bons modelos, sejam eles de pessoas distantes de nós (pessoas famosas, empresários e outros) ou pessoas próximas que conseguem bons resultados com pensamentos práticos e ferramentas simples.

7º passo – Busque um legado

De modo muito breve, legado é a marca que você deixará no mundo. É o que você constrói e o que ficará mesmo quando você já não estiver mais aqui. É a lembrança do que você fez, a forma como a lembrança da sua existência vai impactar o mundo por muitas gerações.

Não há como construir um legado, nem para a própria família nem para o mundo, sem recursos financeiros. Mesmo que esse legado seja mais abstrato que material, ainda assim, é necessário contar com recursos para isso. Contudo, só é possível pensar nas finanças com foco no legado quando a nossa alma está mais conectada ao coletivo do que ao individual, mais ao "nosso" que ao "meu".

- Você tem objetivos que dependem de dinheiro com passos, prazos e valores claramente definidos?
- Você sabe abrir mão do que os outros dizem que é importante para você a fim de conquistar os seus objetivos?
- Como você quer ser visto daqui a cinco anos?
- O que você gostaria de proporcionar para os outros por meio do seu dinheiro?
- O seu dinheiro tem como destino o acúmulo ou ele faz girar a Roda da Abundância?
- Como o seu dinheiro terá impactado o mundo quando você não estiver mais aqui?
- Quando você se for, quem, e de que forma, cuidará dos seus bens?

A Consciência Financeira chega ao ponto de maturidade quando entendemos que a energia do dinheiro deve circular no mundo, servindo ao próprio mundo. Lembre-se de que essa energia está no mundo, que você a atrai, porém ela não pertence a você.

O dinheiro que você ganha o ajuda a construir o seu legado?

DICAS PRÁTICAS DE ORÇAMENTO PESSOAL

Escolha uma forma simples e eficiente de controlar a sua movimentação financeira. Considere todo o dinheiro que você ganha e gasta e registre em uma planilha Excel ou em algum aplicativo de celular (há muitos que são bons e gratuitos). Para os mais tradicionais, um bloco de anotações ou um caderno também servem.

Independentemente do método escolhido, o importante é conseguir manter o controle diário em um único lugar para que, ao final do mês, você saiba quanto dinheiro entrou, de onde veio, para onde foi, quanto você economizou etc.

Lembre-se de identificar as contas de parcelamento com a ordem e o faltante. Por exemplo, 3/10, ou seja, a terceira parcela de um total de dez. Saber quantos meses ainda estão comprometidos é uma informação muito importante para ampliar a sua consciência financeira e fundamental para seus planejamentos.

Ao final do mês, você precisará unificar as informações coletadas em um único lugar, dividindo em duas categorias: **receita** (dinheiro que entra) e **despesa** (dinheiro que sai).

Com as receitas e despesas identificadas, destaque as **despesas fixas mensais** (água, luz, telefone) e as **despesas variáveis e esporádicas** (lazer, vestuário, cuidados pessoais). Em seguida, identifique o que é necessidade e o que não é. Não minta para si mesmo!

RENDAS (+)

Salário de...

Recebimento de...

DESPESAS FIXAS

Água

Luz

DESPESAS VARIÁVEIS E ESPORÁDICAS

Lazer

Vestuário

Lembre-se de também identificar o saldo das contas correntes e, se tiver, de poupança ou de outros investimentos antes de iniciar o controle, assim como dívidas a pagar, caso tenha.

Com os dados do mês em mãos, você poderá analisar a sua movimentação financeira e terá consciência de tudo o que foi gasto e como cada um, mesmo que pequeno, influenciou no montante final. Só então você poderá programar cortes e investimentos.

PLANEJE INVESTIMENTOS

Materialize seus sonhos em metas. Escreva o que deseja, o que isso significa em termos de dinheiro e em quanto tempo almeja alcançar – datas são indispensáveis. As suas metas podem ser de **curto prazo** (1 ano), **médio prazo** (5 anos) ou **longo prazo** (10 anos ou mais).

Lembre-se de verificar a possibilidade real de alcançar a meta no tempo estipulado, conforme o seu estilo de vida atual e a necessidade de modificar o estilo de vida ou buscar uma renda extra. Mas desafie-se a fazer tudo no menor tempo. O coaching é trazer o estado desejado para o mais próximo possível.

O valor definido para economizar mensalmente deve ser o primeiro valor separado de sua renda quando ela chegar a suas mãos. Comprometa-se com as suas metas!

1ª dica

Se parar de trabalhar hoje, você tem dinheiro trabalhando para você?

Enquanto alguns trabalham para o dinheiro e vivem para pagar juros compostos em dívidas, outros utilizam os juros compostos para lhes proporcionar renda a partir de investimentos.

Se ainda não tem dinheiro trabalhando para você, é importante ter pelo menos um **fundo de emergência**, ou seja, uma reserva financeira à qual recorrer quando a renda que entrar for inferior à planejada. Essa proteção para imprevistos deve ser um valor equivalente a, no mínimo, seis meses das suas despesas fixas mensais.

Como se trata de um acesso imprevisível, é indicado que você invista esse valor em um fundo de liquidez diária, objetivando mais segurança do que rentabilidade, ou mesmo em uma conta poupança, pois assim o dinheiro estará disponível sem burocracia. Esse dinheiro não é para a realização de sonhos e significa tranquilidade financeira.

Lembre-se de planejar também a sua aposentadoria. Um mindset milionário tem sempre uma visão sistêmica.

2ª dica

Agora que você tem um mindset milionário, suas conversas sobre dinheiro serão construtivas e poderão inspirar outras pessoas, como em uma corrente do bem. Talvez você não fique à vontade para compartilhar seus valores reais, e, nesse caso, eu o aconselho a saber falar de sua situação em porcentagem.

Identifique o percentual de sua **renda** que é direcionado a **despesas** e **economias** com uma regra de três simples.

$$\text{REGRA DE 3} \quad \frac{\text{PARTE (R\$)}}{\text{TODO (R\$)}} \times 100 = \%$$

$$\text{EXEMPLO:} \quad \frac{\text{R\$ 900,00}}{\text{R\$ 1.500,00}} \times 100 = 60\%$$

O valor resultante é o suficiente?

Ele está adequado aos seus objetivos? Separando exatamente essa quantia, quanto tempo você levará para alcançá-los?

Separando um pouco mais, em quantos meses ou anos você diminuiria o tempo até atingir as suas metas?

Se o valor o está privando de coisas importantes e isso está impactando negativamente a sua vida, separar um pouco menos aumentaria em quanto tempo o alcance dos seus objetivos?

Pesando a relação tempo x satisfação, seria vantajoso?

PRINCÍPIOS DA MENTE MILIONÁRIA

Caminhando para o final desta obra, quero deixar as minhas conclusões sobre o mindset milionário, tanto em relação aos aspectos mais transcendentes quanto às peculiaridades pragmáticas. Eu chamo essas conclusões de "Princípios da mente milionária", e elas são também uma síntese de todas as lições apresentadas neste livro. Esses princípios são verdadeiras joias, fruto da visão espiritual do meu processo de buscador.

É certo que tudo que eu disse neste livro está impregnado da minha história, mas também é evidente a história dos mestres que me formaram e das pessoas que me influenciaram. Afinal, sem a passagem do "eu" para o "nós", eu não teria produzido riqueza alguma, nem material, nem intelectual, nem espiritual. É por ter vivido essa expansão de consciência e essa passagem evolutiva que hoje tenho condições de ajudar você, leitor, a fazer esse mesmo movimento.

Passo a enumerar então o que considero os "Princípios de uma mente milionária", minhas joias preciosas que agora divido com todo o universo.

A mente milionária...

- **Busca um estado de beleza interior**, pois entende que olhar o mundo a partir de um estado de sofrimento não torna possível gerar nem atrair riqueza de nenhuma natureza.
- **Valoriza o processo de evolução pessoal**, pois sabe que a expansão da consciência modifica os padrões de escassez,

em um movimento que faz o crescimento pessoal estar aliado ao crescimento da riqueza.

- **Emprega energia no que lhe dá prazer e retorno** e evita gastos energéticos com preocupações criadas pela própria mente.
- **Não luta pela riqueza, mas a atrai** com sua evolução, entendendo que a riqueza já está no mundo e que a sua energia circula com as outras que compõem o universo.
- **Lida com o dinheiro com sabedoria**, pois busca aprender a usar ferramentas que contribuam com a manutenção da riqueza e não apenas com a sua atração.
- **Busca o autoconhecimento**, analisando e modificando todos os seus padrões, já que, para mudar os frutos, é necessário, primeiro, alterar as raízes que estão em nossa mente.
- **Entende a riqueza como resultado** e não como fim, pois vivemos num mundo de causa e efeito. A riqueza é um efeito.
- **Conecta-se à energia do dinheiro e não ao dinheiro como matéria**. A matéria é finita e obsoleta, enquanto a energia é eterna e infinita, pois é parte do universo. Assim, a mente passa a estar pronta para aceitar a riqueza como merecimento.
- **Cuida para se distanciar do orgulho e da avareza**, uma vez que a riqueza aliada a esses dois sentimentos deixa de ser próspera e passa a ser danosa a nós e aos que vivem conosco. Os ricos não são melhores, apenas possuem mais dinheiro.
- **Não entende o dinheiro como solução para todos os problemas**, como se fosse a coisa mais importante e poderosa do universo. A mente milionária sabe que a energia do dinheiro é benéfica quando está ligada ao estado interior de graça, mas não nos livra das angústias e dores deste mundo.
- **Agradece por cada novo ganho** em vez de se lamentar por ainda não ter o que considera o suficiente para seus objetivos. Isso porque a mente milionária jamais está ligada à falta.

A MENTE MILIONÁRIA INVESTE ENERGIA EM SEU PROPÓSITO DE VIDA, GERANDO RETORNO FINANCEIRO.

- **Tem um propósito para a riqueza** e não a vê como um fim em si mesma. Isso significa que a mente milionária sabe exatamente por que buscar mais recursos financeiros e sabe o que e para que deseja esses recursos.
- **Embora saiba que precisa poupar, emprega a lei do dar e do receber.** Uma mente milionária não deixa de ajudar alguém ou de realizar um desejo carregado de significado em prol de aumentar a sua conta bancária – lembre-se de que a mente milionária não gera escassez. Para todo doador precisa existir um recebedor e, para todo recebedor, um doador.
- **Sabe que o dinheiro intensificará o que já somos**, portanto, busca sempre ser uma pessoa melhor a cada dia – o buscador da mente milionária está também em busca da melhor versão de si mesmo.
- **Não deixa de comprar ou de investir**, já que a medida verdadeira de riqueza é o patrimônio, e não apenas seus rendimentos. Por isso a ausência de lazer e de realização de sonhos pessoais não deve ser a tônica da busca de ninguém.
- **Aprende constantemente com exemplos e com a própria experiência**, uma vez que saber administrar o dinheiro é mais importante que a quantidade que consegue acumular. Controle o seu dinheiro ou você será controlado por ele.

GERADORES DE RIQUEZA NO MUNDO

Você já sabe que existe uma diferença entre ganhar dinheiro e criar riqueza no mundo. Enquanto ganhar dinheiro é uma busca sem nenhuma iluminação, gerar riqueza é uma atividade espiritual. Se ganhar dinheiro for o seu único objetivo, a sua busca será vazia e infrutífera. Se a sua motivação para ganhar dinheiro vier do medo ou da necessidade de provar algo aos outros e a si mesmo, dificilmente você alcançará a riqueza, tampouco a felicidade.

Você já deve ter ouvido falar que o dinheiro faz o mundo girar. Mas é apenas conforme damos e recebemos. A consciência do universo se concretiza por meio da dinâmica de dar e receber.

Quando você se dispõe a dar, a abundância que existe no universo começa a circular em sua vida.

A riqueza tem a ver com o seu valor e o valor que você atribui para as coisas e as pessoas. Quando a percebe com inteligência e integridade e contribui para o desenvolvimento da sociedade à sua volta, o dinheiro é uma consequência automática.

A tendência da riqueza é sempre expandir. Considerando a abundância existente no universo, quanto mais você compartilhar e produzir riqueza para o mundo, maior será o seu sucesso. Perceba que não é como o pagamento por um trabalho, mas uma recompensa que o universo proporciona.

Gerar riqueza não depende apenas de talento e de capacidades profissionais. Conforme vimos anteriormente, uma mente milionária deve conhecer a "Lei da percepção correta", compreender que ela está relacionada à forma como percebemos o mundo e que o nosso universo é formado a partir dessa percepção.

O universo é responsivo, dotado de uma consciência que reflete a sua percepção. Essa é a ideia a partir da qual poderemos compreender e contribuir para gerar riqueza no mundo. Tudo é um estado de consciência, e o universo nos entrega o que a nossa percepção emite. Nesse sentido podemos entender o ato de gerar riqueza no mundo muito além da mera acumulação de bens. Suas percepções são a base de suas ações, e o ressoar delas no universo é a base do seu destino.

ATITUDES PARA GERAR RIQUEZA NO MUNDO

Não é muito difícil encontrar formas de praticar essa ideia e gerar riqueza no mundo: basta olhar ao redor para perceber que há um universo de possibilidades. Como gerar riqueza tem a ver com assumir o compromisso de contribuir para o futuro da sua comunidade, seja no âmbito local ou no global, podemos dar a nossa contribuição com atitudes aparentemente simples, mas que fazem fluir a abundância à nossa volta.

As atitudes a seguir são algumas possibilidades que podem inspirá-lo quanto ao que pode ser feito.

Pagar um valor justo pelo trabalho das pessoas

Gerar empregos pode ser uma possibilidade de compartilhar e distribuir a riqueza; pagar um valor justo pelo trabalho das pessoas gera uma reação em cadeia, que se reflete na economia e no desenvolvimento da comunidade a que você pertence. É uma forma de agregar valor a si mesmo, ao seu próprio trabalho e às pessoas que dependem do resultado do seu trabalho.

Há quem sempre reclame que o preço de determinado serviço "está caro", mas só quem o executa sabe o quanto lhe custou aprender aquele trabalho de forma única. Cada um sabe quanto vale o seu trabalho, e cabe a nós valorizar o trabalho do outro, pagando o valor justo, sem exploração.

Valorizar empreendimentos pequenos e novas iniciativas

Outra oportunidade de gerar riqueza no mundo é dar preferência ao consumo de serviços e produtos locais. Dessa forma você estará contribuindo indiretamente para a criação de mais empregos e fortalecendo a estrutura social da sua região. Você pode, por exemplo, optar por comprar de um empreendedor individual em vez de comprar de uma empresa já consolidada.

Você pode contratar a mais famosa empresa de consultoria empresarial do país, ou pode contratar aquele coach indicado por um conhecido. Pode comer em numa rede internacional de *fast-food* ou comer o cachorro-quente da "Dona Maria", que está com seu *food truck* todos os dias na rua da empresa em que você trabalha. Quando privilegia empresas que estão começando e pessoas que estão empreendendo, você contribui para gerar riqueza na vida dos outros.

Ajudar a desenvolver pessoas

Investir no treinamento e no desenvolvimento pessoal e profissional das pessoas, principalmente das mais jovens, pode contribuir para a formação de cidadãos mais conscientes e produtivos que, no futuro, poderão retribuir, criando ainda mais riqueza para a sociedade.

Quando participa da evolução de alguém, você está gerando riqueza. Se ajudou a sua secretária a se tornar agente de negócios, ou se a moça que foi sua recepcionista hoje trabalha na contabilidade, você está gerando riqueza no mundo, pois não vê as pessoas apenas como recursos a serem consumidos.

Promover inclusão, respeito e tolerância

Vivemos em um mundo em que todos estão constantemente tentando compreender, analisar, julgar e mudar os outros. Em vez de julgar ou criticar outras pessoas, pratique e promova o respeito e a tolerância pela individualidade e a experiência de vida de cada pessoa.

O universo é abundante, e, contribuindo para o crescimento da sociedade, você estará contribuindo para o seu próprio crescimento como o retorno natural de uma atitude positiva. Não se trata de vaidade, nem de ajudar para ser bem-visto, mas de compartilhar, de conectar-se com o mundo ao redor.

Quanto maior for a sua disposição para ajudar outras pessoas a atingir o sucesso, mais você estará atraindo a riqueza para si. A prosperidade está ligada ao propósito de vida. Tenha em mente que a riqueza não trará um propósito, mas um propósito trará não apenas a riqueza como também a tornará duradoura em sua vida.

Existem pessoas que alcançaram o tão almejado sucesso e são exemplos de como a riqueza é reflexo de sua contribuição para a sociedade. É a aplicação da "Lei da percepção correta", segundo a qual as suas atitudes são o espelho da percepção do mundo.

Um exemplo disso é a história de Laíssa Sobral Martins. Laíssa é negra e nasceu em uma família pobre, composta por mais 14 irmãos adotados e criados com muito amor por sua mãe. Para ajudar a família, Laíssa trabalhava como catadora de lixo e, apesar de todas as dificuldades, arranjava tempo para se dedicar aos estudos com livros que encontrava no meio do lixo. Laíssa realizou seu sonho e foi aprovada com apenas 19 anos de idade em uma das mais importantes universidades do país, a Universidade de São Paulo (USP).

A RIQUEZA TEM A VER
COM OS SEUS
VALORES E O VALOR
QUE VOCÊ ATRIBUI ÀS
COISAS E ÀS PESSOAS.

IBC COACHING

Como não poderia ser diferente, no IBC Coaching estamos sempre alinhados com a proposta de contribuir com a geração de riqueza no mundo. O trabalho de formação de coaches, como sempre digo, é uma gigantesca corrente do bem. Se eu, falando em uma sala para mil pessoas, sou capaz de impulsionar a transformação dessas pessoas, sendo essas mil pessoas coaches e cada um deles atendendo a mais cem coachees, elevo essa transformação a uma escala muito maior.

Logo, o IBC é um movimento de mudança do mundo, e é assim que eu vejo nosso chamado como empresa e o meu chamado pessoal. A materialização desses movimentos se dá em nossos eventos, formações e publicações.

Quanto aos nossos colaboradores, também proporcionamos uma experiência de desenvolvimento não somente profissional, mas também pessoal. Honramos e respeitamos cada ser em sua essência, em suas habilidades, em seu chamado, e contribuímos diretamente para o crescimento de cada um, inclusive no campo financeiro.

Eu acredito no potencial de cada pessoa e, como coach, não poderia deixar de investir no desenvolvimento daqueles que são a base que sustenta a nossa missão de formar pessoas e desenvolver organizações que mudam o mundo. Para mim, isso é ser milionário gerando riqueza, abundância e prosperidade.

MENSAGEM FINAL

Querida pessoa,

Ser rico, abundante e próspero é um objetivo que quase todas as pessoas têm. Mas o que faz com que algumas alcancem esse objetivo e outras não, ou que algumas o alcancem mais rápido que outras, é a aceitação de certas verdades ou leis universais, como a da consciência da unidade, a do dar e receber, a da geração consciente da riqueza e a da consciência dos papéis e dos sistemas.

Ganhar dinheiro é uma questão de carreira, porém isso é muito óbvio. É preciso trabalhar e trabalhar muito. É preciso nutrir uma insatisfação constante consigo mesmo, sempre almejando um novo patamar. É preciso se doar, aprender, se especializar... Contudo, muita gente fez tudo isso e não chegou aonde queria.

Agora que você leu este livro, aprendeu com a minha experiência como pessoa, filho, pai, marido, empresário, mestre de coaching e estudioso do comportamento humano o que me fez chegar a um patamar de riqueza material carregada de abundância, prosperidade e potencial de crescimento.

Podemos relembrar alguns desses meus "segredos": o primeiro e mais importante é mudar os padrões mentais, sobretudo os que dizem respeito às crenças sobre dinheiro.

Você repensou como lida com a energia do dinheiro? Ou será que descobriu que, para você, o dinheiro sempre foi matéria, desconectado de significado e merecimento?

As pessoas que são ímãs de prosperidade e, por conseguinte, de riqueza material estão em sincronicidade com os sistemas dos quais fazem parte, exatamente esses que citei: família, trabalho, amigos, igreja. Antes de acumular riqueza material, elas são ricas em relacionamentos, inteligência emocional e visão sistêmica. São ricas em doação – sim, ricas em desprendimento o suficiente para fazer a energia do dinheiro circular de forma saudável, reforçando essa energia no mundo.

Uma pessoa que acumula uma fortuna de bilhões de reais jamais conseguirá usufruir de tudo o que tem. Ela terá carros, casas, empresas e joias e a fortuna continuará lá. Enquanto isso, a escassez em seu entorno mata pessoas de fome, sem abrigo e sem oportunidades na vida. De que vale essa riqueza?

Quanto mais você agrega valor à vida de outras pessoas, mais movimento gera e mais o universo lhe devolve em oportunidades. Quanto mais oportunidades, mais crescimento, evolução e abundância.

É isso o que eu chamo de enriquecer gerando riqueza no mundo. É isso o que eu chamo de ganhar dinheiro sem gerar falta ou escassez, contribuindo com as pessoas, a sociedade e todo o sistema da natureza.

Existe uma grande diferença entre ganhar dinheiro e gerar riqueza. Quando o objetivo de nossa vida é "ganhar dinheiro", estamos buscando uma atividade não iluminada, pois o dinheiro deve ser uma consequência, não o estado desejado. Entretanto, ele não é ruim, é uma energia neutra e necessária, que deve ser usada com sabedoria.

Não tenha medo de ser rico, tenha medo de ser alguém que usa a riqueza com desumanidade. Não se acanhe por ter ambições, pois é sempre necessário ter metas e buscar os seus sonhos; acanhe-se por ter se guiado a vida toda por comparação.

Os desejos de prosperidade, quando despertam dentro de nós, são verdadeiros e se conectam com a nossa essência, mas, quando se originam da comparação com o mundo, tornam-se vazios de significado e não resultam na riqueza próspera que se espera.

O seu padrão mental é a sua percepção do mundo, e a sua percepção do mundo é o mundo em realidade. Lembre-se de que a realidade não existe, é construída por nossas percepções. É você que vê o que tem e o que falta. Focando a falta, você só atrairá escassez. Focando o que tem, gerará gratidão e atrairá prosperidade.

A gratidão não é apenas o ato de agradecer por ter recebido algo. O verdadeiro ato de gratidão é sentir-se amparado pelo universo, por ele ter nos dado a maior dádiva de todas: a oportunidade de vivenciar a existência.

Geralmente nos deparamos com esse sentimento autêntico no momento em que seguramos um recém-nascido nos braços ou vemos alguém se recuperar de uma doença (ou quando estamos nessa posição). Cada novo caminhar, cada novo respirar, cada sorriso faz irromper dentro de nós um desejo infinito de agradecer pela demonstração física da vida.

A gratidão é isso, é a expansão da consciência para um nível em que conseguimos nos sentir gratos pela sacralidade da vida. Nesse ponto, reconhecemos quão especial e preciosa é a vida e tudo o que recebemos dela e agradecemos pelo que temos, focando a prosperidade e não a falta. Agradecemos, valorizamos e honramos o que temos sempre.

Finalmente, entendemos o valor que devemos dar a todas as experiências, ao simples raio de sol que toca nossa pele, à chuva que molha a vegetação, ao espetáculo da vida que passeia diante de nossos olhos.

Cada experiência diária, como o café e o pão que você busca para a sua família, é fruto de um trabalho humano árduo, de pessoas que ficaram horas sem dormir e sem estar com suas famílias.

A gratidão é um elemento importante da riqueza, e espero que você tenha compreendido como esse mecanismo funciona. Isso não é uma conversa boba, é algo que experimento em minha vida todos os dias. É o mecanismo que me fez chegar aonde estou, com riqueza material, emocional, familiar e, sobretudo, riqueza espiritual, na forma de uma expansão de consciência.

A vida é gratidão, por isso devemos incorporá-la ao mais profundo de nosso ser. Será que já incorporamos à nossa vida a genuína gratidão? Estamos percebendo quão sagrado e único é o momento que estamos vivendo agora?

Talvez uma das partes mais importantes desse processo seja não se julgar incapaz por não ter chegado, até agora, aonde você deseja. Na verdade, não se julgue de maneira nenhuma, porque o autojulgamento é o maior sabotador de toda a energia da riqueza. Em vez de julgar-se pelo lugar que você "não atingiu", reconheça e agradeça tudo o que já conquistou. E agora, com seus recursos mentais e emocionais renovados e diferentes ferramentas, planeje outros lugares e novos patamares.

Paz e Luz!

EXERCÍCIOS

Agora que terminou de ler este livro, responda: o que é riqueza para você?

Você acredita que precisa aprender mais sobre investimentos e planejamento financeiro ou precisa passar a aplicar, na prática, o que já sabe?

Você busca a riqueza a partir de qual estado interno: sofrimento ou graça?

Quando você não estiver mais neste plano, qual impacto seu dinheiro terá causado no mundo? Você vai se orgulhar disso?

REFERÊNCIAS BIBLIOGRÁFICAS

CÂNDIDO, Patrícia; GIMENES, Bruno J. *Conexão com a prosperidade*. Nova Petrópolis, RS: Editora Luz da Serra, 2014.

CHOPRA, Deepak. *As sete leis espirituais do sucesso*. São Paulo: Editorial Presença, 2015.

CHOPRA, Deepak. *O poder da consciência*. São Paulo: Leya, 2012.

DAMÁSIO, António. *E o cérebro criou o homem*. São Paulo: Companhia das Letras, 2011.

DAMÁSIO, António. *O erro de Descartes: emoção, razão e o cérebro humano*. 2. ed. São Paulo: Companhia das Letras, 2005.

DAMÁSIO, António. *O mistério da consciência*: do corpo e das emoções do conhecimento de si. São Paulo: Companhia das Letras, 2000.

EKER, T. Harv. *Os segredos da mente milionária*. São Paulo: Sextante, 2014.

FAGUNDES, Juliana de Orione Arraes. *A consciência vista de fora*: a perspectiva de Dennett. 2009. Dissertação (Mestrado em Filosofia) – Programa de Pós-Graduação em Filosofia da Universidade de Brasília, Brasília (UNB), 2009.

LEITE, Sylvia. *Sufismo, a unidade na multiplicidade*. Disponível em: icarabe.org/sites/default/files/pdfs/panorama_da_cultura_arabe_2_-_aula_4a.pdf

PINKER, Steven. *Como a mente funciona*. São Paulo: Companhia das Letras, 1998.

STRAYED, Cheryil. *Livre*: a jornada de uma mulher em busca do recomeço. São Paulo: Objetiva, 2013.

WATTLES, Wallace D. *A ciência de ficar rico*. São Paulo: BestSeller, 2007.

FONTES Fakt, Tungsten
PAPEL Alta Alvura 90 g/m²